Zur erfolgreichen
Prüfung 12/2007
herzlichen Glückwunsch

»People want to create their own homes to suit their own lives«

Terence Conran

Verwandelte Räume

Nonie Niesewand

Mit einer Einführung von Terence Conran

DUMONT

Foto Umschlagvorderseite:
Paul Rocheleau
(Architekten: Kiss Cathcart Anders)
Foto Umschlagrückseite: Elliott Kaufman (Architekten: Haigh Architects)
Foto hintere Klappe: Chris Gascoigne/View (Architekten: CZWG)

Die Deutsche Bibliothek - CIP-Zentrale

Niesewand, Nonie:
Verwandelte Räume : gestaltete Lofts, Fabriken und Ateliers / Nonie Niesewand. [Aus dem Engl. von Karin Strack]. - Köln : DuMont, 1998
Einheitssacht.: Converted spaces <dt.>
ISBN 3-7701-4653-0

Originaltitel: Converted Spaces

Aus dem Englischen von Karin Strack
Umschlaggestaltung: Nicole Hardegen, Christina Berghoff
Redaktion und Satz der deutschsprachigen Ausgabe: Christian Heße

Printed and bound in China ISBN 3-7701-4653-0

Inhalt

Vorwort

Terence Conran

Platz ist wahrscheinlich der größte Luxus in unserer modernen Zeit. Wie wir ihn nutzen, insbesondere wie wir darin leben, erfordert ein sorgfältiges Abwägen zwischen praktischen Grenzen, individuellen Anforderungen und persönlichen Vorlieben. In den post-industriellen Städten Nordamerikas, Europas und Australiens bieten Fabriken und Lagerhäuser, leere Schulen und Kirchen, Banken und Autosalons weite, offene Räume, die Menschen sich zu Wohnungen umgebaut haben.

Der größte Reiz des Wohnens in einem Loft besteht darin, daß man die Freiheit hat, sich eine wohnliche Umgebung zu schaffen, die dem eigenen Lebensstil entspricht. Da die einschränkenden Auflagen des privaten Wohnungsbaus hier nicht relevant sind, findet man sich häufig mit nur vier Wänden, einem Boden und einer Decke als Ausgangspunkt wieder. Die Gliederung des Raums wird von der Lage der Wasser- und Abwasseranschlüsse mitbestimmt, die nahelegt, welche Funktion ein Raumteil übernehmen kann, und welche nicht. Und da die meisten Menschen zum Schlafen und Baden eine gewisse Privatsphäre bevorzugen, sind damit erste ›Rahmenbedingungen‹ definiert. Das Einteilen in die verschiedenen Funktionsbereiche zwingt uns, genau zu untersuchen, wie wir wohnen und den uns zur Verfügung stehenden Raum nutzen wollen, wobei sich unsere Vorstellungen darüber ändern können. Es gab Zeiten, da die Küche ihren festen Platz an der Rückseite des Hauses hatte, weil dort die Dienstboten arbeiteten, aber da unser Leben zu Hause weniger formell geworden ist, ging der Trend dahin, die Küchen zu öffnen, so daß sie ein Teil des Wohnbereichs wurden.

Alte Gebäude mit neuen Aufgaben zu versehen, kann vernachlässigte Bereiche in den Herzen der Großstädte wieder zum Leben erwecken. Bei *Butlers Wharf* in London, in der Nähe der Tower Bridge am Südufer der Themse, war ich anfänglich selbst intensiv an der Revitalisierung des etwa 5 ha großen verfallenen Gebiets beteiligt. Heute befinden sich hier das Designmuseum, vier unserer Restaurants und eine kombinierte Erschließung durch Apartments, Büros, Läden und Studentenwohnungen. Ein Stück weiter stromaufwärts setzt die neue *Tate Gallery* im umgebauten Bankside-Kraftwerk den Prozeß der Wiederbelebung des Londoner Südens fort. Nicht immer sind jedoch diese Erfahrungen positiv. Als wir mit der Arbeit bei *Butlers Wharf* begannen, mußten wir feststellen, daß es ohne Fundamente gebaut worden war. Um diesen Mißstand zu beheben, war es notwendig das Budget um Hunderttausende von Pfund zu erweitern.

Dieses Buch macht auch deutlich, daß die Suche nach außergewöhnlichen Räumen nicht nur auf Städte beschränkt ist: Landwirtschaftliche Gebäude wie alte Scheunen, ja sogar eine Eiscremefabrik sind von erfindungsreichen Besitzern in Wohnungen mit Charakter und eindrucksvollem Erscheinungsbild verwandelt worden. Was macht den großen Reiz dieser Gebäude aus? Ich denke, es sind vor allem die vielfältigen Möglichkeiten, ein Haus individuell zu gestalten, ohne einen vorhandenen Stil von den Vorbewohnern übernehmen zu müssen oder – was bei vielen neuen Häusern der Fall ist – das uniforme Aussehen und die Aufteilung, von der uns die Planer und Bauunternehmer glauben machen wollen, sie entspreche unseren Wünschen. Dieses Buch zeigt einen Weg zu einer anderen Sichtweise, es öffnet uns die Augen für die befreienden Möglichkeiten, Wohnräume zu schaffen, die dem Stil unseres heutigen Lebens entsprechen.

Terence Conran

Seite 1: Ein weit sich öffnendes Loft in New York City, das der Architekt Andrew Berman gestaltete

Seite 2/3: Wynkoop DuBois' Scheune, Squibrocket, Martha's Vineyard

Seite 4/5: Der Designer Ross Lovegrove in seinem umgebauten Lagerhaus in London

Seite 7: Das Anders-Loft in New York City, gestaltet von den Architekten Kiss Cathcart Anders

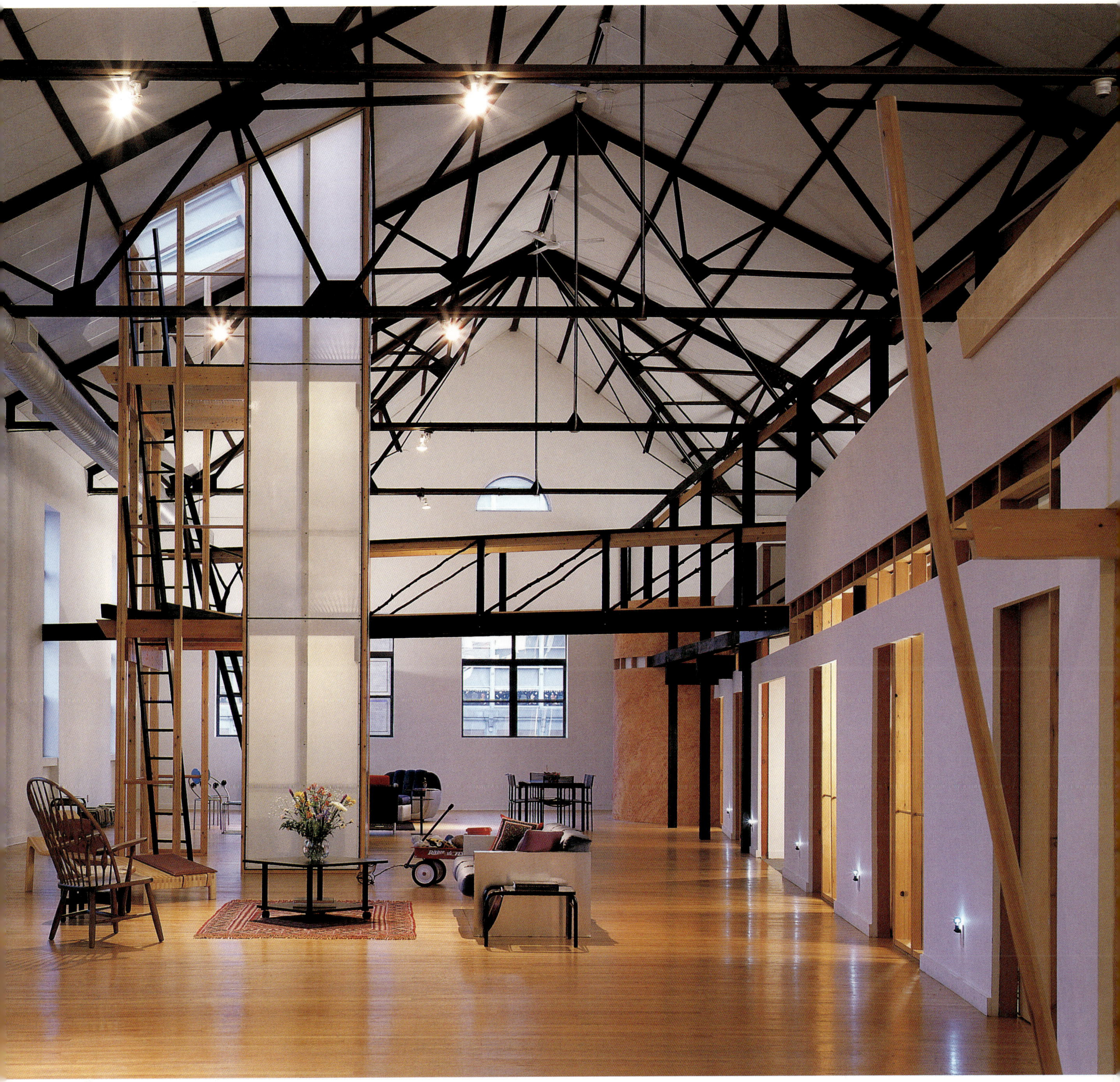

1

1

Raumvisionen

Mit dem Siegeszug der Elektronik im post-industriellen Zeitalter wurden Fabriken und Lager geschlossen, da Mikrochips und Glasfaserkabel die Arbeit vieler Maschinen übernahmen. Die Anziehungskraft der Großstädte leerte Dorfschulen und -kirchen, und durch das Leasing von landwirtschaftlichen Maschinen wurden Scheunen und Schuppen frei. In einer Welt schwindender Ressourcen bietet das Umwidmen scheinbar nutzlos gewordener urbaner oder ruraler Gebäude zu Wohnungen demjenigen, der bereit ist, sich auf dieses Abenteuer einzulassen, den Luxus großzügiger Räume und die aufregende Gelegenheit, selbst kreativ zu werden.

Was ursprünglich als Trend unter Künstlern begann, die anregende und zugleich praktische Wohn- und Arbeitsräume schaffen wollten, entwickelte sich zu einem weltweiten Phänomen. Menschen aus allen Bereichen und Schichten zeigen Interesse an ungewöhnlichem Wohnraum. Man stelle sich ein Wohnzimmer vor in den Ausmaßen einer Fabriketage mit Blick auf einen Fluß oder ein Schlafzimmer mit einer Decke, so hoch wie ein Kirchenschiff und der Aussicht auf einen Park. Wie wäre es mit einer Küche, so groß wie die Schalterhalle eines Postamts: Die Herausforderung besteht darin, diese Räume bewohnbar zu machen, ohne ihre originäre Nutzung zu verleugnen, denn zum Wohnen wurden sie nicht konzipiert.

Die technische Ausstattung und Einrichtung von alten Druckereien, Mühlen, Textilfabriken und Scheunen kann entfernt, angepaßt oder auch in die privaten Wohnräume integriert werden, aber diese Gebäude genügen nicht unseren Vorstellungen von Komfort. Der Umbau solcher Stätten für Wohnzwecke wirft daher auch Fragen des Bauschutzes und der Restaurierung auf. Heutzutage bauen Architekten in der Regel so, daß die ursprüngliche Einheitlichkeit gewahrt bleibt, da innerhalb des allgemeinen Baurechts je nach Land bestimmte Bauordnungen bestehen, um diese Gebäude zu schützen. Hinzu kommt, daß die Lage der Küche oder des Bads im ›leeren Gehäuse‹ nicht willkürlich sein kann, da sie von der Lage der Installationseinheiten abhängig ist. Es ist also ratsam, sich vor Beginn der Renovierungsarbeiten über die möglichen Anforderungen der Bauordnungen zu informieren.

Das Einrichten von großen, offenen Wohnräumen gestaltet sich als Balance zwischen völliger Freiheit und Beschränkung. Das Bauwerk bestimmt den Stil: ein Landhausstil ist in einer Fabriketage oder selbst in einer Scheune fehl am Platz und eher für ein Herrenhaus geeignet. Das Wohnlich-Machen eines ehemaligen Industriegebäudes ist nicht allein eine Frage der Abstimmung der Räume aufeinander und der traditionellen Dekorationsmöglichkeiten durch Teppiche, Stoffe oder farbige Anstriche. Um diese besonderen Räume den eigenen Lebensgewohnheiten anzupassen, sollte auch das äußere Wohnumfeld miteinbezogen werden.

1 2 Eine leere Scheune oder die Weite eines Lagerhauses liefern dem, der gern mit offenen Räumen experimentiert, erste Inspirationen.

1 Stadtansichten

Raumvisionen

»Daß jemand die Londoner Innenstadt verläßt und sein Glück in einer Gartenvorstadt sucht, ist schwerlich vorstellbar.« David Puttnam, Filmemacher und Visionär futuristischer Städte, fühlt sich durch und durch als Städter. Seit frühester Zeit waren die Stadtgemeinden Zellen gesellschaftlichen Fortschritts und zogen all jene an, die daran teilhaben wollten. Um die Jahrhundertwende lebten gerade 10% der Weltbevölkerung in den Städten. Trotz der Industriellen Revolution gründeten mehr Menschen ihre Existenz auf der Landwirtschaft als auf der Arbeit in der Industrie. Jetzt, nahezu ein Jahrhundert später, sind mehr als 50% der Weltbevölkerung in die Städte abgewandert, um Arbeit zu finden, wobei der Wohnraumbedarf schon jetzt durch die Umgestaltung vorhandener Industriebauten teilweise gedeckt wird.

Vor 50 Jahren benötigte die Industrie Gebäude, die den riesigen Produktionsanlagen Platz boten. Und noch vor 20 Jahren mußte der Großrechner eines mittleren Unternehmens in einem Raum von der Größe des Maschinenraums eines Schiffes untergebracht werden. Heutzutage kann man Computer mit umfangreichem Speichervermögen und vielfältigster Software als Laptops in Aktentaschenformat an Bord eines Flugzeugs oder im Zug mitnehmen. Der Rückgang der Schwerindustrie und die wachsende Dienstleistungsgesellschaft mit ihrem Vertrauen in den Mikrochip haben unseren Bedarf an gigantischen Verwaltungsbauten und Lagerhäusern eingeschränkt. Jetzt, da ihre ursprüngliche Funktion hinfällig ist, werden auch diese Bauten als Wohnraum für die wachsende Stadtbevölkerung beansprucht.

Ehemalige Fabriken und Lagerhäuser sind heute im Trend und die gesuchtesten Adressen einer Stadt. Die Industriegebäude der vergangenen Jahrhunderte wurden in der Nähe von Transportwegen angesiedelt, die dazu dienten, das Rohmaterial heranzuschaffen; manche liegen daher auch am Wasser, etwa an Kanälen. Bewohner dieser heute mit Höchstpreisen gehandelten Objekte haben den zusätzlichen Vorteil, daß ihre Wohnungen nicht von den Nachbarn einsehbar und durch das vom Wasser reflektierte Licht sehr hell sind.

Industriegebäude können auch in Höfen liegen, die früher Fuhrwerke

1 Stuart Parr entfernte 25 m Wand seines New Yorker Dachgeschosses, um von der eingesetzten Fensterfront den Blick auf die Stadt und ihre Umgebung zu genießen.

2 Die Aussicht von einem umgestalteten Stadtgebäude kann atemberaubend sein; hier in Islington (London) ist man von mehreren Jahrhunderten Architekturgeschichte umgeben.

und Pferde beherbergten. Der Maler Julian Schnabel lebt und malt in einer alten Parfumfabrik in New York, wo die Ringe zum Anbinden der Futtersäcke für die Pferde noch immer die Mauern seines Apartments zieren. Er trug die Tränken auf das Dach und bepflanzte sie mit Blumen – ein Zeichen einfühlsamer Anpassung und der Schlüssel zu einer erfolgreichen Umnutzung.

Immobilienmakler kaufen gern sogenannte Lofts in umgebauten Industriegebäuden auf. ›Loft‹ bezeichnet hier nicht einen Dachstuhl, den man über eine ausziehbare Leiter erreicht, sondern ein Apartment in einer ehemaligen Fabrik oder in einem Lagerhaus. In den 50er Jahren wurden Manhattans billige und unmoderne ›Lofts‹ in SoHo von Künstlern ›kolonisiert‹, die sie für Ausstellungen riesiger Leinwände und gewichtiger Bronzestatuen nutzten, die von den verstärkten Stahlträgern und Betonpfeilern leicht getragen wurden. Als Andy Warhol in den 70er Jahren in seiner berühmten *Factory* in New York filmte, avancierte das ›Loft‹ zum Kultbegriff.

Heute ist bei den meisten umgestalteten Industriegebäuden das Dach bereits repariert, Gemeinschaftsräume sind eingerichtet und Strom- und Wasseranschlüsse gelegt. Dann werden die Wohnungen als Hüllen nur mit einer einfachen Trennwand zum Nachbarn hin verkauft. Der Innenausbau bleibt dem Käufer überlassen, wobei die einzige Vorgabe die Lage der Sanitäranschlüsse ist, die Küche und Bad festlegt.

1

Voraussetzung für die Umgestaltung von Industrie- in Wohnraum ist es, das Gebäude in jeder Hinsicht funktional zu machen, also alle notwendigen Installationen vorzunehmen. Der Architekt Piers Gough, der eine Reihe von Objekten in London revitalisiert hat, nennt dies ›vorgewaschene Architektur‹ (pre-washed, pre-shrunk). Ähnlich wie die Levis 501 sind diese Gebäude bereits Klassiker. Innerhalb eines Gehäuses kann der Eigentümer entscheiden, ob er Räume abteilt, wie er das natürliche Licht am besten nutzt und welche Farben und Materialien er für sein Apartment wählt.

Einen Innenraum in diesen hohen Lagerhäusern und Fabriken zu erobern, ermutigt einige Entschlossene, sich in Gruppen oder Hausgemeinschaften zusammenzuschließen, um solche noch nicht modernisierten Immobilien zu kaufen. In der Nile Street im Osten Londons haben neun Bewohner ihr Geld zusammengelegt, um ein leerstehendes Lagerhaus zu Wohn- und Arbeitsräumen umzubauen. Jane Tankard, ein Mitglied der Hausgemeinschaft, gab zu, daß es zwei Jahre dauerte, bis das Projekt abgeschlossen war, und daß die Gruppe alles daran gesetzt hat, die Baugenehmigung für die Mischnutzung als Wohn- und Arbeitsraum im Gebäude zu erhalten. Schließlich waren die Bemühungen von Erfolg gekrönt.

Obwohl gemeinsame Wände und Einrichtungen Gruppenaktivitäten fast von selbst nach sich ziehen, kann eine Zusammenarbeit auch bewußt angestrebt werden. Eine Gemeinschaft bedeutet eben mehr als nur ein gemeinsam genutzter Garten und gegenseitige Rücksichtnahme. Wie der Umbau eines leeren Lagerhauses in komfortablen Wohnraum Mut und Entschlossenheit erfordert, so setzt das Zusammenleben eine von allen getragene gemeinsame Geisteshaltung voraus.

1 Die gebogene Form dieses Fensters bietet dem gewünschten Ausblick eine elegante Rahmung. Da die Büros gegenüber nachts unbenutzt sind, wird man dann auch nicht beobachtet.

2 Das Gebäude vis-à-vis ist diagonal versetzt, so ist auch hier die Privatsphäre gewährleistet.

3 Vom Nachbargebäude aus ist der Wohnbereich dieses Apartments in New York einsehbar. Deshalb schiebt der Besitzer wie in Falten gelegte Paravents von Alvar Aalto vor die Fenster.

Raumvisionen

1 Auf dem Land

Während veränderte Bewirtschaftungsmethoden landwirtschaftliche Gebäude ungenutzt lassen und die Landbevölkerung in die Städte zieht, greifen einige Städter die Möglichkeiten auf, leere Schulen, Kirchen und Scheunen zu reizvollen Wohnungen umzugestalten. Ist die Industriearchitektur vom innerstädtischen Gesamtbild abhängig, so sind bäuerliche Gebäude einem landschaftlich geprägten Stil verpflichtet. Alle zu Wohnungen umgebauten landwirtschaftlichen Bauten sollten die Vorzüge des weiten Raums und der regionalen Materialien wie Backstein, Feldstein oder Holz beibehalten.

Da er nicht in einem Haus mit dem Gespenst des Landpfarrers leben wollte, baute sich der Innenarchitekt John Stefanidis Kuhställe zu Refugien um. Hier wurden keine wertvollen Hölzer verwendet; die Holzkonstruktion besteht aus Kiefer, die mit altweißer Farbe getüncht wurde; Mauern wie Böden bestehen aus Backsteinen, die Wände sind grob verputzt.

Jede Region zeigt eine für sie typische Architektur: Die massiven Steinbögen, Stuckwände und gefliesten Böden von Bauernhäusern in Südspanien; die an Kreuzgänge erinnernden gewölbten Gänge aus grauem Stein und die Pergolen der Villen in der Toskana; die mit Bienenwachs imprägnierten Holzbalken der Scheunen in Mittelengland – sie alle sind Beispiele der verschiedenen landschaftlichen Stile, die regionale Baustoffe verwenden. Die Suche nach authentischen Steinen oder alten Ziegeln, nach Handwerkern, die noch in der Lage sind, mit Gesso zu verputzen oder Dächer

1 Als Ende des 19. Jahrhunderts der Bau von Kanälen, Straßen und Eisenbahnlinien die ländlichen Gemeinden und die neu industrialisierten Städte einander näher zu bringen schien, wurden manche der amerikanischen Landhäuser mit schmückendem Beiwerk verschönt. Hier erhielt ein verwittertes schindelgedecktes Schulhaus einen Turm, der wie ein kleiner Pavillon auf dem Dach sitzt, nach allen Seiten offen mit Aussicht auf die Wälder. Neben der schmückenden Funktion sorgt die Konstruktion auch für mehr Licht und Luft, während die Silhouette in der winterlichen Landschaft die Aufmerksamkeit auf sich zieht.

mit Ried zu decken, kann gleichermaßen teuer wie erfolglos sein, daher sind zeitgemäße Lösungen gefragt. Wird Harz unter Zement gemischt, erhält man einen ›Steinboden mit Patina‹ zum halben Preis. Der Charakter der Architektur muß allerdings gewahrt bleiben; einen verzierten, schmiedeeisernen Wintergarten an ein steinernes Cottage anzubauen wäre unangemessen. Ländliche wie städtische Gebäude bieten große, weite Räume, die ganz nach individuellem Bedarf unterteilt oder offen belassen werden können.

Die Beschränkung auf das Einfache bei landwirtschaftlichen Gebäuden stellt ebenso eine Herausforderung dar wie etwa außer Betrieb befindliche Lagerhausaufzüge. Frühe amerikanische Scheunen haben oft eine oder mehrere Galerien auf jeder Seite des Dreschbodens, so daß Wohnen auf mehreren Ebenen möglich ist. Ein weiteres Merkmal kann ein Vordach entlang der Breitseite des Gebäudes sein, das den Eingang mit einem vorspringenden Giebel schützt.

In den meisten Gebäuden, die dem Speichern der Ernte dienten, gibt es keine Kamine und somit keine Feuerstelle. Scheunen mit Räuchervorrichtungen bilden eher die Ausnahme. Während man beim Umbau in Städten Industrieheizkörper rettet, haben auch die ländlichen Öfen, in denen man Holz verfeuern kann, ihren Reiz. In Holzkonstruktionen ist allerdings die Einrichtung eines offenen Kamins schwierig, da nachträglich ein gemauerter Schornstein eingebaut werden muß.

Der Mangel an Fenstern in Gebäuden, die ursprünglich keine Menschen beherbergen sollten, stellt ein weiteres Problem dar. In einer rund 200 Jahre alten Scheune auf einem kalifornischen Weingut bauten die Besitzer galerieartige Gänge an den hohen, fensterlosen Scheunenwänden an. Sie plazierten die Schlafzimmer wie Horste unter die steilen Giebel und setzten Dachfenster ganz oben in das Satteldach, damit soviel Licht wie möglich einfallen kann und dennoch das Gefüge der Scheune erhalten bleibt. Der nachträgliche Einbau von Dachfenstern ist nur dann möglich, wenn die Scheunendächer – ebenso wie die restliche Bausubstanz – nicht unter Denkmalschutz stehen.

Die Scheune des kalifornischen Weinguts stand ursprünglich in einem anderen Staat. Die Kiefernholzkonstruktion von 1780 wurde in Neu-England zerlegt und in Kalifornien vollständig wieder aufgebaut. Dabei hat man die Scheune in der Höhe um 1,5 m verkürzt, Glasfenster ein- und eine Holzkuppel aufgesetzt. Außerdem wurde ein begehbarer Kamin aus dem örtlichen Serpentinstein eingebaut.

Der britische Architekt Richard Rogers lehrte an der London School of Economics, daß sich die Städte im nächsten Jahrhundert wie Häfen entwickeln würden, die elektronisch mit anderen Häfen der Welt verbunden seien. Die gleiche Entwicklung, die Computer immer kleiner werden ließ, ermöglicht immer mehr Menschen, außerhalb der Stadt zu leben und per Computer über nationale und internationale Netzwerke zu kommunizieren, statt mit dem Auto zu pendeln. Umbauten von Gebäuden auf dem Land müssen daher nicht immer Wochenendhäuser sein. Eine Kombination von Wohn- und Arbeitsräumen läßt sich in einer ländlichen Scheune genauso erfolgreich verwirklichen wie in einer städtischen Fabrik.

1 Fließendes Wasser war in dem ehemaligen Traktorschuppen nicht erforderlich. Heute, da das Haus bewohnt wird, fangen Wasserbehälter, die aus der Entfernung betrachtet farblich mit dem Haus verschmelzen, das kostbare Naß auf.

2 3 Die 1894 auf Long Island gebaute Scheune ist eine der größten ihrer Art und wurde in der Milchwirtschaft benutzt. In den 50er Jahren verkleidete man sie mit weißen Asbestzementplatten, die kürzlich durch natürlich verwitterte Zedernschindeln ersetzt wurden. Die Falltüren im Boden dienten einst dazu, Kühe in den darunterliegenden Ställen mit Heu zu füttern.

2

3

1 Erhalten & Verändern

Raumvisionen

Bei jedem Umbau, ob auf dem Land oder in der Stadt, muß zunächst entschieden werden, wieviel von dem alten Gebäude verdeckt oder freigelegt wird. Veränderungen der Struktur sollten von der Geschichte des Gebäudes abhängig gemacht werden. Dennoch ist ein individueller Stil bisweilen wichtiger als das Bewahren der Authentizität.

Diejenigen, die überwiegend restaurieren wollen, erhalten ihre Baugenehmigung leichter als jene, die drastische Veränderungen vorschlagen; aber auch Anpassungen innerhalb vorgegebener Parameter können Gebäude ohne architektonische Besonderheiten verändern. Der Architekt Michael Davis und der Künstler Andrew Logan erhielten die Baugenehmigung zur Renovierung ihrer Garage aus den 50er Jahren nur unter der Auflage, daß durch den erforderlichen Aus- und Anbau für Apartment, Galerie und Werkstatt die Höhe des ursprünglichen Gebäudes nicht überschritten werde. Die alten Garagentore wurden zu einer 3,5 m² großen Doppeltür erweitert und dienen dazu, verspiegelte Glasskulpturen auszustellen. Anstatt Fenster in die Wände des Gebäudes zu brechen, konstruierten Davis und Logan ein Glasdach für das erforderliche Licht. Die Wände wurden in Orange und Blau gestrichen.

Bei dem Umbau seiner Scheune in Pennsylvania betonte der Architekt William Leddy aus San Francisco die landestypische Architektur mit den 50 cm starken Wänden aus Feldsteinen und den schmalen, senkrechten Lüftungsöffnungen, sogenannten Windaugen, die er als Fenster verglaste. Der Eingang an der Giebelseite der Scheune besteht aus einem neuen, galvanisierten Stahlzylinder, der im ersten Stock das Bad für das Schlafzimmer beherbergt. Silos gibt es seit den 30er Jahren in der amerikanischen Landwirtschaft, und sie dienten zum Einlagern von Winterfutter für das Vieh. Mit dem Anbau des neuen ›Silos‹ konnte der Architekt den

Um den Charakter eines Raums bei seiner Umnutzung zu einem komfortablen Wohnraum zu erhalten, ist es erforderlich, frühzeitig zu entscheiden, was bewahrt oder ersetzt werden soll.

(1) Der Architekt William Leddy erweiterte eine gemauerte Scheune aus dem 19. Jahrhundert in der Nähe von Philadelphia (Pennsylvania), indem er ein neues ›Silo‹ aus galvanisiertem Stahl an einer Seite anbaute. Futtersilos sind ein typisches Element ländlicher Gegenden, aber da dieses Gebäude kein Vieh mehr beherbergt und die Besitzer einen Eingangsvorbau und ein Bad im ersten Stock benötigten, erhielt dieser zylindrische Turm eine zeitgenössische Funktion.

► Einige Aspekte des Ursprungsbaus sollten bei jeder Umgestaltung erhalten bleiben, wie beispielsweise das Fenster aus einem Priorat oder eine Tür aus dem 10./11. Jahrhundert. Querstreben und Stahlträger, Säulen und Pfeiler, Eisenbeschläge, Rohrleitungen und Zahnräder, die einem früheren industriellen Zeitalter angehören, sind auch heute noch sprechende Zeugnisse der Geschichte.

1 Bei diesem Umbau einer Fabrik in Toronto durch den Architekten Georges Whiteside schaffen die horizontal und vertikal verlaufenden Rohre unwillkürlich Raumaufteilungen.

2 Die Entscheidung, auch die alten vertikalen Versorgungsrohre in Holley Loft (New York) deutlich sichtbar stehen zu lassen, inspirierte die Architekten Hanrahan Meyers dazu, ihnen formal mit Pfeilern zu antworten. Licht wurde in diesem weitläufigen Raum einzig unter funktionalen Gesichtspunkten eingesetzt.

Wohnraumbedarf der Bewohner befriedigen, aber auch, inspiriert durch die ländliche Bauweise, wieder ein Stück Tradition bewahren.

Alex Willcock und Sophie Conran, ein junges Paar aus dem australischen Hinterland, setzten sich über die Ästhetik des Bewahrens hinweg, denn ihr alter fensterloser Traktorschuppen ließ sämtliche Bequemlichkeiten des modernen Alltagslebens vermissen. Daher schnitten sie Öffnungen in die Wellblechwände und setzten gebrauchte Holzfenster ein. Schließlich bauten sie einen großen, offenen Kamin. »Es war wie ein unbeschriebenes Blatt, und es hatte keinen Garten. Doch uns war wichtig, daß es so aussehe, als wohnten wir schon lange dort.«

Man muß bei einem Umbau nicht nur entscheiden, was entfernt oder erhalten, was vom Erhaltenen gänzlich verborgen oder nur verkleidet wird, man muß sich im Gegenteil auch darüber klar werden, was besondere Hervorhebung erfahren soll. Manche Architekten neigen dazu, bedingt durch ihre Ausbildung, Strukturen durchscheinen zu lassen. Bei seinem Umbau eines New Yorker Lofts in einer alten Farbenfabrik versteckte der Architekt John Beckmann ganze Rohrbündel hinter hellgrauen Wänden, die zwischen den Pfeilern eingezogen wurden. Die Geschichte eines Gebäudes zu respektieren, heißt auch, sich dessen Ungereimtheiten zu vergegenwärtigen und die Art der Umgestaltung vom Charakter des Bauwerks abhängig zu machen, ohne sich davon einschränken zu lassen.

Dieser Kompromiß zwischen Erhalten und Verändern wurde auch in einer Mälzerei in Melbourne erzielt. Seit 1907 wurde der Raum von einem Kupferkessel beherrscht. Die Innenarchitektin Michelle Harrington baute die Wohnungen, in die man die Mälzerei unterteilte, um den Kessel herum, wobei sie die mit Grünspan behaftete Kupfertrommel teilweise aus den neuen Wandflächen hervorschauen ließ, um die Bewohner an die Geschichte dieses Gebäudes zu erinnern. In anderen

Gestaltungselementen wurde die runde Form wiederaufgegriffen, etwa in den Bullaugenfenstern, die in die Betonwände eingesetzt wurden. Auch eine Pumpe steht frisch poliert im Foyer: Ein ungewöhnlicher Anblick, der das Interesse an der Geschichte des Gebäudes weckt.

Kunstfertigkeit ohne Künstlichkeit ist ein Geschick, das Architekten in zahlreichen Umgestaltungen zeigen können. In einem ehemaligen Traktorschuppen von 1930 entschloß sich der australische Architekt Glenn Murcutt, das Wellblechdach und die Wände aus Eukalyptusholz stehen zu lassen, aber alles andere zu entfernen. Eine umlaufende vik-

Nicht alle Entscheidungen für Altes oder Neues müssen baulicher Natur sein – sie können auch in der Auswahl der Möbel zum Ausdruck kommen.

1 In einer ehemaligen Bank aus dem 19. Jahrhundert inspirierten die kannelierte Säule und die großen Bogenfenster zur Auswahl von Möbeln aus der gleichen Zeit, die so sorgfältig arrangiert wurden wie eine Theaterszene. Die New Yorker Fotografen David McDermott und Peter McGough, die Besitzer der Bank, haben sie restauriert und so möbliert, daß man ihre Begeisterung für die Vergangenheit in jedem Detail spürt.

2 Das gläserne Mansarddach einer alten Farbenfabrik in Brüssel erforderte einen sich anpassenden Möblierungsstil, während der Kronleuchter über den industriellen Ursprung des Raums hinwegtäuscht.

3 Die spröde Schönheit eines Gebäudes des einstigen Priorats Saint-Symphorien im Lubéron, im Südosten Frankreichs, mit einem Boden aus Steinplatten und bogenförmigen Durchgängen wird durch schlichte Möbelstücke betont.

torianische Veranda wurde abgerissen, und das neue Verandadach ist steil nach oben geneigt statt nach unten, so daß es Flügeln ähnelt. Der hohe Dachbereich erhielt Doppelfenster an jedem Giebel, um den ganzen Schuppen zu belüften. In Murcutts Ansatz heben sich neue, zeitgemäße Elemente wie die Küche aus Edelstahl optisch von der ursprünglichen Struktur ab, ohne aufgesetzt zu wirken.

Dagegen entschied sich der australische Bauunternehmer Wayne Cross in seiner Melbourner Fabrik für Veterinärmittelbedarf aus den 40er Jahren für die Balance zwischen dem Respekt vor der Vergangenheit des Objekts und der freien Adaption. Er ließ die Architrave so verputzen, daß sie eine Patina erhielten, und färbte die originalen Holzfußböden ziegelrot, um ihnen ein moderneres, industrielles Aussehen zu verleihen. Die Küche aus gewelltem Stahl hinter Schiebetüren aus Glas, die die ursprünglichen Fabriktüren ersetzen, ist ein zeitgenössischer Anbau; die Ladezone wurde verglast und zu einem Atrium umfunktioniert.

Naturgemäß werden bei Umgestaltungen neue Stilelemente und Materialien mit alter Bausubstanz gemischt. Die besten Umbauten sind zweifellos diejenigen, die das architektonische Erbe respektieren, die es zulassen, daß die ursprüngliche Form des gesamten Stils die Umwandlung bestimmt. Das muß nicht bedeuten, daß kreative Lösungen zu kurz kommen. Eine monumentale neoklassizistische Bank in London ließ ihre Besitzer Philip und Carol Thomas an einen italienischen Palazzo denken. Sie gestalteten den früheren Publikumsbereich der Bank zu einer Reihe von Wohnzimmern um und schufen damit eine Beletage mit sehr hohen Decken.

Mögen die Mängel und Vorgaben des Gebäudes selbst wie auch die Bauordnungen immer wieder Hemmnisse beim Umbau sein, so können sie andererseits auch eine Herausforderung darstellen, kreative Lösungen zu finden.

Raumvisionen

1 Freiheit der Entfaltung

Eines der eindrucksvollsten Erlebnisse beim Umbau einer urbanen oder ruralen Architektur ist der weite, offene Raum, weder durch Türen verschlossen noch von Fluren oder Zimmern unterteilt. Der Einbau von Zwischengeschossen, Naßräumen und Küchenarbeitsplätzen eröffnet vielfältige gestalterische Möglichkeiten. Obwohl der Architekturstil dieser Gebäude eine spürbare Eigenständigkeit besitzt, bleibt mehr Raum für die Entfaltung eigener Vorstellungen als im konventionellen Wohnungsbau. Viele dieser großen, reizvollen Räume entwickeln, einmal umgewandelt, ein ganz neues Eigenleben.

Wenn Kinder erwachsen werden, tendieren viele Eltern dazu, aus ihren überfüllten Stadt- oder Landhäusern auszuziehen und ihre Besitztümer zu verkaufen. Dann bauen sie ein Industrie- oder landwirtschaftliches Gebäude um und erfreuen sich ihrer neuerworbenen Freiheit. Der Romanschriftsteller Ian Tarr verbrachte 17 Jahre in einem Londoner Vorort, bevor er es müde wurde, zu seinem georgianischen Reihenhaus zu pendeln. Er verkaufte es samt Mobiliar und erwarb ein ›leeres Gehäuse‹, als ein Loft im Londoner Stadtviertel Soho umgebaut wurde. Der Auftrag an seinen Architekten Nico Rensch lautete: »So einfach wie möglich.« Heute lebt er in einem nur von Schiebewänden unterteilten Raum, der die Weite und Ruhe des Zen ausstrahlt.

Die Freiheit der Entfaltungsmöglichkeiten, die diesen riesigen Gebäuden innewohnt, inspiriert die Bewohner häufig zu ganz neuen Wegen. Der Besitzer eines schottischen Schlosses – eingerichtet in wahrhaft adeligem Stil, zu dem

1

2

1 Unter dem isolierten Satteldach eines Industriegebäudes wird das Tageslicht abgeschirmt. Es ist reizvoll, offen einsehbare Räume nachts zu illuminieren: Leuchtstoffröhren erhellen diesen Raum gleichmäßig, ebenerdig sind zeitgenössische, spielerische Lichtskulpturen ausgestellt.

2 Große, weite Räume ermutigen zu vielerlei Freiheiten. Ein amerikanischer Architekt nennt das Herz seines offen angelegten Dachraums sogar »die Piazza«. Hier hat die Turnhalle eines alten Schulhauses beim Umbau ihre ursprünglichen Bodenmarkierungen behalten und wird somit zu einem hervorragenden Kinderspielplatz.

Ritterrüstungen und Stühle aus dunklem Holz mit hohen Lehnen gehören – begab sich auf neues Terrain, als er die Architekten Sally Mackreth und James Wells beauftragte, sein Loft in London schlicht und modern auszustatten. Sie haben die Wände des Waschraums mit

fliederfarbenem Leder verkleidet und eine Edelstahldecke eingezogen.

Man braucht nur die richtige Einstellung und etwas Pioniergeist. Menschen, die in diesen umgenutzten Räumen wohnen, führen niemals ein Leben am Rande. Sie sind entweder im Herzen der Stadt oder mitten auf dem Land. Auf dem Land achten sie nachts auf den Ruf der Eule, während sie den Sternenhimmel lesen. Sie kaufen auf den örtlichen Märkten ein, legen Vorräte ihrer selbstgezogenen Produkte an und atmen eine reine Luft. In der Stadt benutzen sie die modernsten Fortbewegungsmittel, betrachten Kreidezeichnungen auf dem Trottoir und holen sich ihre Sonntagszeitung schon am Samstag. Diese Menschen sind auf ihre Art Lebenskünstler, der graue Alltag der Vororte ist eine Ewigkeit entfernt.

1

Die vielfältigen Möglichkeiten der Umwandlung von Wohnraum können auch für die Revitalisierung öffentlicher Gebäude genutzt werden. Fabriken, die einst eher Produktionsprozesse als Menschen beherbergten, erwachen zu neuem Leben als Stätten der Kultur und des Vergnügens. Heute werden Theater, Galerien, Läden, Hotels, Restaurants, Nachtklubs und Studios in leeren Banken, Postämtern und Druckereien eröffnet.

Die erfolgreiche Umnutzung von Orten der industriellen Produktion zu Stätten der Freizeitgestaltung ist der Imagination und der Kreativität von Architekten und Städteplanern sowie Theater- und Museumsdirektoren zu verdanken. Hier sind Veranstalter ohne trennendes Proszenium in der Lage, das Publikum in das Theatergeschehen einzubeziehen, da sich die Szenen um die Zuschauer herum entfalten können. Unabhängig von aufeinander abzustimmenden Raumfolgen entwickeln Ausstellungsmacher Konzepte, Gemälde und Skulpturen auf ganz neue Art zu präsentieren.

Angesichts der Ausmaße einstiger Industrieanlagen müssen Architekten in neuen, ungewohnten Dimensionen denken. Ihre Kunst liegt darin, die potentiellen Nachteile wie das vorherrschende künstliche Licht und die schlechte Akustik in Vorteile zu verwandeln. So wurde der halbdunkle, mit Bogengängen ausgestattete Innenraum eines aufgegebenen Busdepots in Manchester (England) wirkungsvoll zu einem Textilmuseum umgestaltet. In diesem Gebäude sind jetzt jahrhundertealte Stoffmuster aus den Spinnereien von Manchester ausgestellt, die unter kontrollierter Luftfeuchtigkeit aufbewahrt und, noch wichtiger, vor zu viel natürlichem Licht geschützt werden müssen.

Fabriken und Lagerhäuser, die zur Unterbringung von schweren Lasten erbaut wurden und mit Wänden und Decken von hoher Tragkraft, mit Stahl- oder Betonträgern und Säulen ausgestattet sind, können problemlos eine Bühnenmaschinerie aufnehmen. Im New Yorker *Joseph Papp Theatre* wird Shakespeare in einer ehemaligen Bibliothek aufgeführt, während in einer alten Munitionsfabrik in Paris, der *Cartoucherie de Vincennes*, ein ganz eigenes Feuerwerk an Theater geboten wird. Theater- wie Nachtklubbesucher werden manchmal allein durch die Dimensionen dieser Gebäude angelockt: private Gesellschaften finden in innerstädtischen Lagerhäusern die Möglichkeit, die ganze Nacht bei Musik zu feiern. Auch exklusive Modegeschäfte und Restaurants tendieren dazu, Räume dieser Größe zu nutzen.

1 2 Der Fotograf Fabrizio Ferri besitzt in New York und Mailand ehemalige Industriegebäude, die heute unter anderem für Ausstellungen und Modenschauen genutzt werden.

Indem diese inzwischen verödeten Arbeitsstätten neue städtische Funktionen ausfüllen, werden ganze Stadtgefüge auf vielfältige Art revitalisiert. Für die Bewohner der Stadt, die von ihrem industriellen Untergang mit betroffen waren, ist diese Entwicklung in der Regel eine positive Erfahrung. Als 1990 die schottische Stadt Glasgow zur ›Europäischen Kulturhauptstadt‹ wurde, inszenierte Bill Dryden ein Stück, zu dem er durch die Schließung der Werften inspiriert wurde. In einem verlassenen Werftgebäude baute der Bühnenbildner Bill Dudley die Stahlrippen eines Schiffsrumpfs auf, um darin das Bühnenbild und die Bestuhlung zu arrangieren. Auf dem bewegenden Höhepunkt des Stücks wurden die Holzstützen entfernt, und der fertiggestellte ›Dampfer‹ glitt ins Wasser.

2

Erlebnis-Räume

2

Museen & Galerien

Erlebnis-Räume

Konzeptkünstler wie jene der *Arte povera* in Italien schufen in den späten 60er Jahren Kunstwerke, für die es keine angemessenen Räume mehr gab. Um hier adäquaten Ausstellungsraum zu schaffen, entstanden Galerien mit Ausmaßen, die im 19. und frühen 20. Jahrhundert undenkbar gewesen wären.

Dem *Henry Moore Sculpture Trust Studio*, einer ehemaligen Teppichweberei in Halifax (Yorkshire), bot sich mit dem Umbau eines siebengeschossigen, 37 m hohen, viktorianischen Bauwerks ein großzügiger Raum für kühne plastische Werke. Da die Decken ursprünglich das Gewicht der Teppichwebstühle tragen mußten, sind sie für hohe Lasten ausgelegt. Häufig vereinfachen auch spezielle Ladezonen und weite Doppeltüren, ja sogar Kräne und Gabelstapler in den ehemaligen Industrieräumen die Unterbringung von Kunstwerken. Richard Long beförderte 15 t Kohle für eine seiner kreisförmigen Arbeiten per Gabelstapler in das Studio, und der deutsche Bildhauer Ulrich Rückriem schuf hier seine riesigen Monolithe aus dem in York abgebauten Stein.

Diese Gebäude können der Präsentation von Kunstwerken großzügig dimensionierte Wandflächen bieten, da sie weder durch Trennwände noch Flure unterteilt sind. Das *Musée d'Orsay* in Paris, ursprünglich als Bahnhof zur Weltausstellung von 1900 erbaut, birgt heute Gemälde und Skulpturen des 19. Jahrhunderts mit dem Schwerpunkt Impressionismus. Nach einem kleineren, aber nicht weniger reizvollen Umbau fand Madrids Museum für moderne und zeitgenössische Kunst, das *Centro de Arte Reina Sofia*, ein neues Heim im ehemaligen Königlichen Hospital.

Der Umbau zu Kunstgalerien ist eine anspruchsvolle Aufgabe, da selbst Türen und Fenster das Fließende des Raums mitbestimmen. Das stillgelegte Bankside-Kraftwerk am südlichen Themse-Ufer in London mit seiner enormen Höhe erschien nicht gerade als der geeignetste Rahmen für die Ausstellung von Kunstwerken. Die Entscheidung der *Tate Gallery*, dieses Gebäude für ihre Sammlung moderner Kunst zu erwerben, wurde aber gerade wegen der aufregenden Dynamik der riesigen Räume getroffen. Wie der Direktor der Tate, Nicholas Serota, betonte, beziehen heute immer mehr Künstler den Raum einer Galerie oder eines Museums mit in ihre Arbeit ein. Er zitierte den Bildhauer Carl Andre, der die Entwicklung der Bildhauerei im 20. Jahrhundert als Wechsel von ›Skulptur als Form‹ zu ›Skulptur als Struktur‹ und letztlich zur ›Skulptur als Ort‹ beschrieb.

1 1980 entwarf die Architektin Gae Aulenti den Innenraum des *Musée d'Orsay* in Paris. Das Gebäude wurde bis 1939 als Bahnhof benutzt und war später Schauplatz verschiedenster Ereignisse. Aulentis Einbauten heben sich vom ursprünglichen Gebäude ab, verunklären aber nicht die originalen Strukturen.

2 Das *Henry Moore Sculpture Trust Studio*, eine ehemalige Teppichweberei, bietet der Installation *Halifax Slate Circle* von Richard Long (Schiefer,1989) einen großartigen Rahmen.

1

1 In Marfa (Texas) hat Donald Judd eine ständige Ausstellung seiner Skulpturen und Gemälde in einem ehemaligen Militärhauptquartier eingerichtet, wo sie gemeinsam mit Möbeln von Rudolf Schindler präsentiert werden. »Ich habe immer eigene Räume für meine Arbeiten gebraucht, um sie zu verstehen und weitere Werke entwerfen zu können.«

2 Das stillgelegte Bankside-Kraftwerk in London, das von Sir Giles Gilbert Scott 1947 entworfen und erst 1964 fertiggestellt wurde, während des Umbaus für die Tate Gallery durch die Architekten de Meuron und Herzog.

Der amerikanische Bildhauer Donald Judd (1928–94) schuf in Marfa (Texas) in einer Ansammlung von verlassenen Militärgebäuden und Flugzeughangars aus dem Zweiten Weltkrieg eine neue Form von Museum. In einer großen permanenten Präsentation werden seine eigenen Werke und Arbeiten von Kollegen in den Hangars, Versorgungslagern, dem Waffenlager sowie in verschiedenen Anbauten gezeigt. Der Hauptzweck des Museums ist die ständige Installation von Kunst im Raum; Judd war der Ansicht, daß »Museen bestenfalls Ansammlungen sind«. Ein grundlegend anderer Ansatz kann daher nicht nur durch eine Neuanordnung erfolgen, sondern muß vor allem das gesamte Umfeld (Tageslicht und Wetterbedingungen) und die wechselnde Perspektive des Betrachters miteinbeziehen.

Ein weiteres Beispiel für einen Galerie-Umbau sind die *Hallen für Neue Kunst* in Schaffhausen (Schweiz). Hier werden moderne Kunstwerke in einer ehemaligen Textilfabrik so gruppiert, daß ein Muster von sich überlagernden Kreativitätsbereichen erzeugt wird, das Künstler gleicher Generation und Sensibilität zusammenbringt. Wie in Marfa ist das Ziel eine stärker interaktive Beziehung zwischen Betrachter und Kunstwerk. Die Vorstellung des Museumsdirektors ist es, den Betrachter mit aussagekräftigen Arrangements zu umgeben, anstatt einen enzyklopädisch kunsthistorischen Rundgang zu bieten. Noch vor hundert Jahren hatten Museen einen Bildungsauftrag und damit die Vorgabe, chronologisch gegliederte Sammlungen über eine Abfolge von Räumen anzuordnen. Heute gestalten Museen und Galerien weite, offene Räume von umgebauten Gebäuden, die es dem Betrachter erlauben, Kunst intensiver zu erleben. Der Dialog zwischen Vergangenheit und Gegenwart wird zum einen durch das Gebäude selbst, zum anderen auch durch das Nebeneinander von zeitgenössischer und älterer Kunst gefördert.

Theater & Nachtklubs

Für manche zeitgenössische Inszenierung gibt eine Fabrik oft ein besseres Theater ab als irgendein anderer Ort, denn bei den weiten, offenen Räumen ohne gestufte Sitzreihen, ohne trennendes Proszenium und Bühnenrahmen fällt die traditionelle Schranke zwischen Zuschauern und Darstellern radikal.

In den vergangenen Jahrhunderten wurden die europäischen Theater immer nach der gleichen Konzeption gebaut. Ob ein Shakespeare-

1

2

Gebäude mit einer eigenen dramatischen Wirkung können bei Theaterveranstaltungen eine besondere Rolle spielen. Schlichte, hohe Hallen, in denen einmal Züge oder Schiffe gebaut wurden, verfügen über hohe Krangerüste und eine enorme Bodenfläche, wodurch eine stärkere Einbindung des Publikums möglich ist. Theaterregisseure inszenieren diese Räume, indem sie sich eher an den Möglichkeiten der Filmproduktion als am traditionellen Theater orientieren.

1 Das *Tramway* im Glasgow als Bahndepot, bevor es umgebaut wurde.

2 3 Die katalanische Gruppe *La Fura dels Baus* tritt im *Tramway* nach dem Umbau auf. Das Publikum bewegt sich frei in dem weiten Raum um die Szene herum.

Theater oder ein kleines Theater in Verona, eine Pariser Music-Hall oder ein Nachtklub in Berlin, alle sind sie gleichermaßen aufgebaut: halbkreisförmig angeordnete Balkone über einem Zuschauerraum, ausgerichtet auf die das Ganze abschließende Bühne. Dieses System hält bis heute das Publikum in seinen Sitzen und die Schauspieler distanziert davon auf der Bühne.

Heute sind leere Industrieräume in der Lage, ganz neue kreative Theaterformen hervorzubringen. In den 60er Jahren sagte der Architekt Sir Denys Ladsun in einem Planungsgespräch, daß der Theaterregisseur Peter Brook einen ausgebombten Raum in Brixton allem vorziehen würde, was er, Ladsun, entwerfen könne – was Brook bestätigte. Dieser ist für seine Aufführungen in der ganzen Welt berühmt und führt sie gern in, wie er es nennt, ›gefundenen‹ Räumen auf, die ursprünglich nicht für das Theater gedacht waren.

Als man die Pferdebahnen in Glasgow aus dem Verkehr zog, wurde auch das riesige Depot im Stadtzentrum aufgegeben. Erst in den 90er Jahren gab es genügend Zuschüsse, um den Gebäudekomplex für die

Öffentlichkeit nutzbar zu machen. Das dort eingerichtete neue Theater *Tramway* wurde mit Peter Brooks Produktion des *Mahabharata*, eines großen Epos aus dem alten Indien, eröffnet. Ohne Kulissen und Bühnen, ohne Orchestergraben und Sitzränge gibt es die traditionellen Theaterabgrenzungen nicht mehr, wenn in einer Szene Fakire über glühende Kohlen gehen oder in einer anderen Schauspieler ihre Rolle deklamieren. Das in Gruppen auf dem Boden sitzende Publikum kann sich frei bewegen und so ein Teil des Gesamtgeschehens werden.

Wie die Beteiligung des Publikums den Verlauf der Theateraufführung beeinflußt, so können auch die umgestalteten großen Industriegebäude die kreative Energie in Bahnen lenken. In Hamburg ist die *Kampnagelfabrik* zu einem der berühmtesten alternativen Theater in Europa geworden. Es ist in einer Fabrik untergebracht, in der von 1874 bis 1968 vor allem Hafenkräne entstanden. 1981 erfuhr sie die Umgestaltung zum Theater. Man kann das gigantische Flachdach mit Scheinwerfern ausleuchten, die an den ehemaligen Krangerüsten angebracht sind, hoch genug, um Bungee-Springen zu ermöglichen.

Diese Beispiele veranschaulichen das kreative Potential ehemaliger Industriegebäude als Orte künstlerischer Programme. Die Dramaturgin Arianne Mnouchkine, die ihr Theater in einer Munitionsfabrik in Paris einrichtete, faßt die Anziehungskraft dieser Umgestaltungen zusammen: »Da die Cartoucherie de Vincennes umgebaut wurde, um Kreationen, Produktionen, Arbeiten, Erfindungen und kreativen Erschütterungen Platz zu bieten, ist sie ein neutraler leerer Raum, aber ein inspirierender leerer Raum, der mit Bildern gefüllt werden kann.« Das Publikum wird unmittelbar in die kreativen Vorgänge des Theaters miteinbezogen.

Alte Lagerhäuser und Fabriken stehen heute noch einer anderen, unternehmungslustigeren Gruppe offen – den Nachtklub- und Diskothekbesuchern. Diese Klubs öffnen und schließen so schnell, wie Rocksäume kürzer oder länger werden, und es werden oft nur wenige rudimentäre, oberflächliche Veränderungen, etwa beim Anstrich oder bei der Möblierung der alten Räume vorgenommen. Diese Art von Besuchern nimmt lieber an der pulsierenden, vibrierenden Atmosphäre von Klang und Licht mit farbigen Lasershows und dynamischen Klangsystemen teil. Ein solcher Ort ist das *Café Flèche d'Or* in Paris. In einem alten Bahnhof im 20. Arrondissement eingerichtet, bietet es eine Reise durch einen Zeittunnel der Geräusche und Klänge. Das *Hacienda*, einst Manchesters verrufenster Klub, war in einer ehemaligen Fabrik angesiedelt. Hier wurden verrußte Backsteinwände zum Untergrund für mit Metalliclack aufgesprühte Zeichen, und Verkehrspoller grenzten die Tanzfläche von den Wegen ab. Zu den in den 80er Jahren florierenden Nachtklubs zählte das Techno-Tanzstudio *Test Department*, das in einem verlassenen Lokomotivschuppen unter einer Londoner Fußgängerüberführung untergebracht war. Unter einer riesigen Eisenkonstruktion trafen sich über 1000 Leute, um eine Nacht lang durchzutanzen. Eine runde, 3 m erhöhte Bühne in der Gebäudemitte wurde in eine Tanzfläche umgewandelt. An der mittleren Säule prangte der Slogan »*The unacceptable face of freedom*«. Selbst die Skulpturen von Malcolm Poynter und des Londoner *Mutoid Waste Collective* wurden aus recyceltem Industrieschrott – Platten, Fässer, Spulen, Altmetall und schwere Seilnetze – gearbeitet, womit das Thema der Transformation wiederaufgenommen wurde. Auf dem Land sind diese Tanzklubs eher nomadischer Natur und finden oft nur für eine Nacht in einem leeren Schuppen für landwirtschaftliche Maschinen statt. Für die Beleuchtungs- und Klangsysteme gelten jedoch die gleichen Prinzipien, wobei die Techniker alles so übersteuern, daß eine Wand aus Schall und Licht entsteht, die der Größe des Raums entspricht.

Das *Café Flèche d'Or* in Paris ist ein Nachtklub in einem alten Bahnhof. Mosaikböden und originale Wände mit hohen Decken und Gittern, die von einer Batterie aus farbigen Lichtern beleuchtet werden, sind mit großem Einfallsreichtum berücksichtigt worden.

P.L.M

CEINTURE

2

Restaurants, Läden & Hotels

Erlebnis-Räume

Mit der Verkürzung der Arbeitszeit in den westlichen Industrieländern hat sich die zur Verfügung stehende Freizeit erhöht. Heutzutage verbringen wir nur ein Drittel unseres Lebens mit Arbeit, und zahlreiche ehemalige Industriestandorte sind zu Räumen der Freizeitgestaltung, zu Einkaufsparadiesen, Restaurants oder Hotels geworden.

Restaurants in Lagerhäusern und Fabriken bieten Platz für zahlreiche Gäste. Terence Conran, der in London mit dem *Bibendum*, das in einem früheren Michelin-Reifenlager untergebracht ist, eine erfolgreiche Restaurantkette ins Leben rief, war der erste, der ehemalige Industrieräume zu modernen Restaurants umbaute. Einige dieser Restaurants können mehrere hundert Gäste bewirten, angegliedert sind zum Teil Lebensmittelläden mit speziellen Angeboten. Dazu gehört auch *The Bluebird Garage* in Chelsea von 1923. In den 50er Jahren wurde es als Ambulanz genutzt und beherbergte später einen Modemarkt. Inspiriert von der Größe und der Mischung aus klassizistischen, neogeorgianischen Elementen und Art déco, wählte Conran es für sein Restaurant mit angeschlossenem Lebensmittelmarkt aus. Heute bietet sich der Hof der ehemaligen Werkstatt mit einer Überdachung aus Stahl und Glas an für den außerhalb gelegenen Obst- und Gemüsemarkt mit Ständen für Fleisch, Fisch, Öle und Gewürze, Milchprodukte, Nudeln und Kuchen, für ein Café, einen

1 In diesem nüchtern eingerichteten Restaurant in Helsinki war einmal die Telekommunikationsgesellschaft Nokia untergebracht.

2 Das Restaurant *Waag* in Amsterdam erhielt seinen Namen in Erinnerung an die Geschichte des Gebäudes als Lagerhaus und Waage.

Blumenmarkt und einen Laden für Küchenartikel. Im ersten Stockwerk, das wie ein Schiff eingerichtet ist, sind ein Restaurant und eine Meeresfrüchtebar untergebracht. Zu Conrans weiteren Londoner Projekten gehört das *Quaglino's* in einem Restaurant aus den 20er Jahren und *Le Pont de la Tour* in einem Lagerhaus mit Blick auf die Tower Bridge.

Ein weiteres Beispiel für die Umwandlung eines leeren Gehäuses

1 In dieser schicken Boutique von Romeo Gigli in Paris ist keine Spur mehr von ihrer Vergangenheit als Schlachthaus zu spüren.

2 – 4 Das Hotel im Wasserturm in Köln wurde von Andrée Putman umgebaut und eingerichtet. Putman installierte indirekt beleuchtete Paneele und speziell entworfene Möbel im einstigen Wasserturm. In den zentralen Räumlichkeiten befinden sich gußeiserne Wendeltreppen und die ursprünglichen Treppenabsätze.

zu einer noblen Adresse zum Speisen ist das schicke Restaurant im obersten Stock des alten OXO-Gebäudes, eines bekannten Londoner Gebäudes an der Themse. Das Haus hat seine markanten Bullaugen und ein X-förmiges Fenster behalten, das grafisch für den Rindfleischextrakt wirbt, der hier in den 30er Jahren hergestellt wurde.

Auch Modedesigner haben die Möglichkeiten erkannt, die den geräumigen, günstig gelegenen Gebäuden innewohnen. Romeo Gigli erwarb das ungewöhnliche Gelände eines früheren Schlachthofs in Paris, um ihn in eine neue Boutique für phantastische Mode umzubauen, und Paul Smith eröffnete das erste Modegeschäft im Londoner Covent Garden in einem alten Postamt. Er entdeckte den Ort seiner Träume, als er eines Nachts mit seiner Taschenlampe durch den Briefkastenschlitz leuchtete und genau den großen, weiten Raum entdeckte, den er suchte. Der Fotograf Fabrizio Ferri baute seine Geschäfte rund um die Lagerhäuser und Fabriken von Mailand auf und erwarb in New York ein Parkhaus, das er in Studios umbaute, die Models, berühmte Fotografen und die unvermeidlichen Paparazzi anzogen. Als nächsten Schritt zeigte er dort seine Kleiderkollektionen und eröffnete Restaurants in der geräumigen Architektur. Bei seiner Vorliebe, historische Gebäude zu revitalisieren, eröffnete Ferri auch ein Hotel, das *Monasterio*, auf der italienischen Vulkaninsel Pantelleria, einer Tochterinsel Siziliens. Das Hotel ist um eine Gruppe alter, für die Insel charakteristischer Steinhütten mit Kuppeldächern gebaut, in denen einst Mönche lebten.

Die Räume des Hotels im 120 Jahre alten zylindrischen Wasserturm in Köln wurden von Andrée Putman entworfen. Das Gebäude mußte auf jeder Etage in kreissegmentartige Räume geteilt werden, die sich um eine zentrale Lobby gruppieren. Die Farbe der originalen Backsteine und die wiederkehrenden Bögen inspirierten die Designerin zu einer sanften Farbgebung im Innern des Hotels. Von hinten beleuchtetes wassergrünes Glas in der Hotelbar und in den Bädern wiederholen und betonen das Thema des Wassers.

Niemand nimmt sich so enthusiastisch des kühlen, zeitgenössischen Stils in umgewidmeten Gebäuden an wie der in New York ansässige Hotelier Ian Schrager. Nachdem er Miami, Los Angeles und New York mit den modernsten Hotels der Vereinigten Staaten erobert hatte – ausgestattet von den beiden französischen Designern Andrée Putman und Philippe Starck –, hat Schrager nun vier neue Objekte in London gefunden, zu denen ein ehemaliges Postamt, ein Laden und ein Lagerhaus des Stoffhändlers Sanderson gehören. Starck wurde beauftragt, sie zu modernen Hotels umzubauen.

Der Enthusiasmus und Mut zur Revitalisierung von Industriegebäuden hat viele zeitgenössische, innovative Design-Ideen hervorgebracht. Als Bindeglieder zwischen der Vergangenheit und vorausschauendem Handeln zeugen diese Gebäude vom Bewahrungsgedanken der 90er Jahre, wobei sie gleichzeitig Lehrstücke für klares, modernes und bewohnbares Design sind. Designer, Theater- und Museumsdirektoren, Hoteliers und Restaurantbesitzer sowie Bewohner haben erfahren und gezeigt, daß Umnutzung von Industriearchitektur ein sinnvoller Beitrag zur Gebäudeerhaltung ist.

Die Druckerei in Paris

Das Beste aus jeder Epoche

Als eine Druckerei im 6. Arrondissement von Paris nahe der Seine wegen neuer Technologien gezwungen war zu schließen, kaufte die französische Innenarchitektin Andrée Putman das gesamte oberste Stockwerk einschließlich der Dachterrasse. International bekannt für ihre Arbeiten in Hotels, wie dem *Morgans* in New York und dem *Hotel im Wasserturm* in Köln, hat sie auch Modegeschäfte für Azzedine Alaïa und Karl Lagerfeld entworfen. Ihre Innenausstattung vereint zeitgenössische Stilelemente und Materialien mit französischem Design der 30er und 40er Jahre. Zu ihren bevorzugten Materialien gehören Holz, genarbtes Leder und Leinen, alles in neutralen, natürlichen Tönen. Ihre Wurzeln liegen sicher im modernen französischen Design, das sie aber heute, ein halbes Jahrhundert später, auf elegante und souveräne Weise interpretiert.

Andrée Putman lebte 18 Jahre in einem Haus aus dem 17. Jahrhundert gegenüber der Druckerei. Sie gab zu, daß der Umzug aus dem alten Haus in das Dachgeschoß des gewerblichen Gebäudes des späten 19. Jahrhunderts ihr wie eine Scheidung erschien. Aber mit ihrem unfehlbaren Instinkt für den Zeitgeist wohnt sie nun in einem der modernsten Apartments von Paris. Als ihre eigene Designerin und Architektin war ihre Absicht klar: »Laß es bis auf einige Inseln für Objekte und Kunst leer, und laß diese Frau sich frei und glücklich fühlen.«

Zunächst setzte sie eine nach Westen gerichtete Fensterwand in den offenen Wohnbereich von 150 m^2 ein. Die Fensterwand schirmt nicht das Tageslicht ab, das in das Apartment fällt, schafft aber Unterteilungen innerhalb des Wohnbereichs. Die Wand hört vor dem Ende des Apartments auf, um eine lichterfüllte L-Form zu bilden. Betritt man den Wohnbereich (3), so ist sie verdeckt und nur von der Raummitte aus sichtbar. Der Schlafbereich kann nachts durch Zuziehen von Wandschirmen aus glasfaserverstärktem Material abgetrennt werden, die sie ihr ›Moskitonetz‹ nennt und die an den ursprünglichen, gußeisernen Säulen befestigt sind. Hinter der Fensterwand befindet sich das Bad (4). Spitzenvorhänge aus dem frühen 19. Jahrhundert erlauben ihr, den Ausblick zu öffnen oder zu verdecken, »so daß ich beim Baden alles sehen kann – Bäume auf der einen und die Gemälde in meinem Apartment auf der anderen Seite.« Die Stahlrahmen der Fenster in der neuen Wand sind genau den vorhandenen Gartenfenstern nachgebildet.

Andrée Putmans Küche befindet sich im Gewächshaus auf der Dachterrasse (6) und ist über eine Treppe zu erreichen. Als begeisterte Köchin macht es ihr Spaß, Gäste an unterschiedlichen Orten zu bewirten. Flexibilität ist eine ihrer Prämissen: Sie lehnt geschlossene Räume und Türen ab und zieht es vor, sich die entsprechende Zahl an Stühlen heranzuziehen und dort zu essen, wo ihr gerade der Sinn danach steht. Im Hauptwohnbereich stehen acht Metallstühle von Jaques-Emile Ruhlmann aus dem Jahr 1938 sowie ein eleganter Tisch von Paul Dupré-Lafon von 1935. In der Küche erlaubt ein Tisch mit einer polierten rauchblauen Lavaplatte auf einem Directoire-Metallfuß eine intimere Atmosphäre, während auf der angrenzenden Dachterrasse alte Bistrotische aus Stahl und grauem Marmor in Gruppen für ein Diner unter dem freien Sternenhimmel bereitstehen. »Ich versuche unten in der Wohnung sein, aber meine Familie und meine Freunde möchten gern oben sein und dem Vogelgezwitscher zuhören.«

»Ich verwende kaum Farben – sie kommen mit dem Leben…«

Andrée Putman

Nach dem Umbau stellte sich überraschenderweise heraus, daß die Dachterrasse ein Mikroklima besitzt, das sogar Pflanzen aus der Provence gedeihen läßt.

»Obwohl ich keine Probleme mit der Baugenehmigung hatte, wurde einer meiner Nachbarn krank vor Neid wegen meines Gartens«, erinnert sich Andrée Putman.

Wie alle Modernisten entfernt Andrée Putman alles Künstliche, um den Kern eines Objekts freizulegen und Vorhandenes zu betonen. Sie sagt, daß ihre Einstellung zum Design von ihrer eigenen Erscheinung beeinflußt wurde, in der sie Linien und Formen gern übertreibt. Da sie schon groß ist, macht sie sich mit hochhackigen Schuhen noch größer, ihre breiten Schultern betont sie mit einem gutgeschnittenen Blazer. »Ich verwende Objektkombinationen, um die Gestalt zu betonen.«

Der Umzug in größere, sich öffnende Räume ermutigte sie zu einer rigorosen Einschränkung ihres persönlichen Besitzes. Da sie überzeugt ist, daß die Wände frei von jeglicher Störung sein sollen, reduzierte sie ihre Sammlung zeitgenössischer Kunst auf wenige Lieblingsobjekte.

Es gab zwei Dachfenster, die Ausblick auf die Dachterrasse boten. Diese wurden vergrößert und, weil Putman Licht sehr schätzt, nur mit Leinenbahnen dekoriert, die vertikal zu einer Seite geschoben oder wie Jalousien hoch- oder heruntergezogen werden können. Das Licht wird von den weißen Wänden und den mit Harz versiegelten, polierten Betonböden reflektiert. Große runde Teppiche bilden Gesprächsbereiche im weiten Raum und legen die Sitzpositionen fest. Das Tageslicht wird mit einer großen Anzahl kleiner, künstlicher Lichtquellen ergänzt. Es gibt 14 Lampen im großen Raum, vier im Bad, einschließlich eines Wandleuchters, zwei Hängelampen aus Glas und eine Lampe, die den Eileen-Gray-Spiegel beleuchtet. Der Wohnraum wird von schlanken und unauffällig installierten Elektroradiatoren beheizt. In der kleinen, verglasten Küche im Gewächshaus auf der Dachterrasse ist das Heizen kein Problem, es wurde dagegen eine Klimaanlage eingebaut.

Es gibt nur sehr wenige Möbelstücke. Andrée Putman sagt, die Erfahrung habe sie gelehrt, das Beste aus jeder Epoche zu respektieren, wenn man es findet, aber auch immer noch einen guten Platz für Neues und Schönes zu haben.

Der Grundriß der Küche auf der Dachterrasse (blaues Dreieck) ist nicht eingezeichnet.

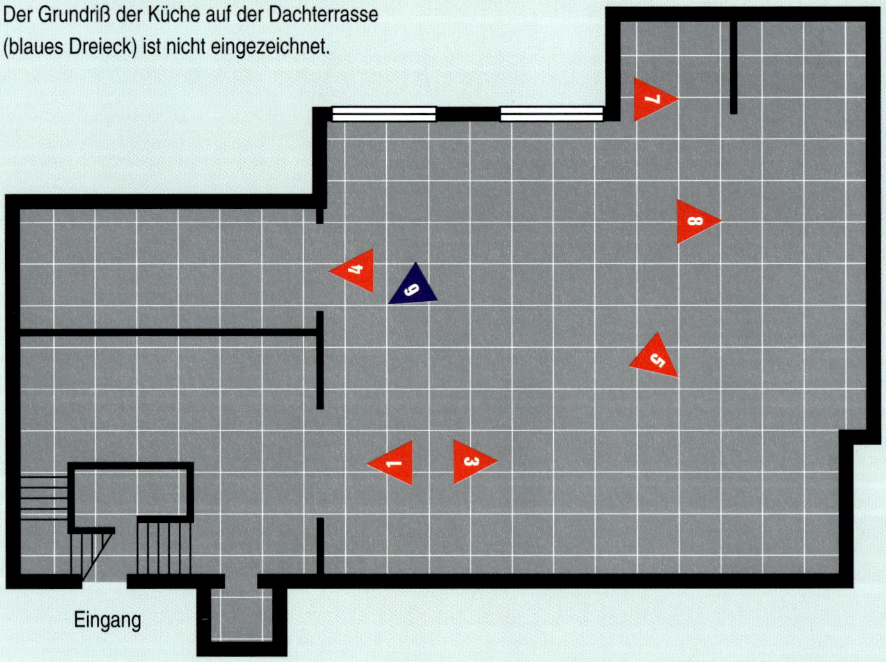

Die Grenzen zwischen klassischem und zeitgenössischem Mobiliar verschwimmen, Maßstab ist in erster Linie Eleganz und Grazie ebenso wie Zeitlosigkeit: ein Schreibtisch aus Ebenholz und Elfenbein aus den 30er Jahren, eine Louis-quatorze-Kommode von André-Charles Boulle und die Ruhlmann-Stühle. Die Farben sind gedämpft: Schwarz, Elfenbein und Silber, mit Brücken in natürlichen Cremetönen und Sofas in weißem Leinen. Der Raum wird durch einige moderne Gemälde belebt: Van Velde, Schnabel, Alechinsky, Pincmin, Garouste und Boltanski. »Ich verwende kaum Farben – sie kommen mit dem Leben, von den Blumen, den Tellern, der Kleidung der Leute.«

Wer fragt, was Stil sei, habe keinen, so das Diktum mancher Designer am Ende unseres Jahrhunderts. Die genaueste Definition von Andrée Putmans Stil findet sich in ihrer Art der Verschmelzung von Klassischem und Zeitgenössischem. Sie glaubt, daß Stil eine so flüchtige Qualität ist, daß sie spurlos verschwindet, wenn man danach sucht; um einen Stil zu entwickeln, müsse man sich von dem Respekt vor der Authentizität einer Epoche befreien. Andrée Putman, die lange das Designeratelier *Ecart* in Paris leitete und das Design des frühen 20. Jahrhunderts wiederentdeckte, zeigt uns, daß die Zukunft des Designs in der Flexibilität, in der Suche nach dem eigenen Ausdruck sowie in der Befreiung vom Diktat des Stils liegt.

1

3 Raumgehäuse

Seit unsere Welt mit der zunehmenden Geschwindigkeit der Verkehrsmittel kleiner geworden ist, haben wir begonnen, den vorhandenen Raum neu zu bewerten und nach seinem Warenwert zu beurteilen. In Japan, wo die Grundstückspreise mit die höchsten auf der Welt sind, werden Wohnungen nach der Standardgröße von Tatami-Matten bemessen. Im Westen war ursprünglich ausreichend Platz vorhanden, doch wir haben ihn parzelliert und mit Besitztümern angefüllt, so daß kaum noch freie Fläche bleibt, und verwechseln klaustrophobische Enge mit Gemütlichkeit.

Die Ausdehnung eines leeren Raums ist eine jener essentiellen Vorstellungen, die schwer nachzuvollziehen sind, wenn man nicht den Blick für das einer Leere innewohnende Potential entwickelt. Tatsächlich kann der erste Blick auf die Weite eines leeren Lofts oder einer Scheune entmutigend sein.

Donald Judd beschreibt Proportion als »sichtbar gemachte Vernunft«. Gute Proportionen verschwinden oft beim Umbau eines Lagerhauses oder einer Fabrik. Der Bau einer Galerie, das Einziehen einer neuen Decke oder das Anheben des Bodens kann unerwünschte, durch nachträgliche Einbauten entstandene Proportionen verbergen, ebenso wie geschickt arrangierte Details. Spiegel an unerwarteten Stellen können den Eindruck von Weite vermitteln und aufhellend wirken, indem sie Licht reflektieren.

Bei Umbauten geht es nicht nur darum, unterschiedliche Funktionsbereiche in großen, offenen Räumen zu gestalten, sondern auch darum, auffällige ›Altlasten‹ wie unverrückbare Pfeiler, Rampen oder Träger zu integrieren, die häufig einen Teil des zukünftigen Wohnraums einnehmen.

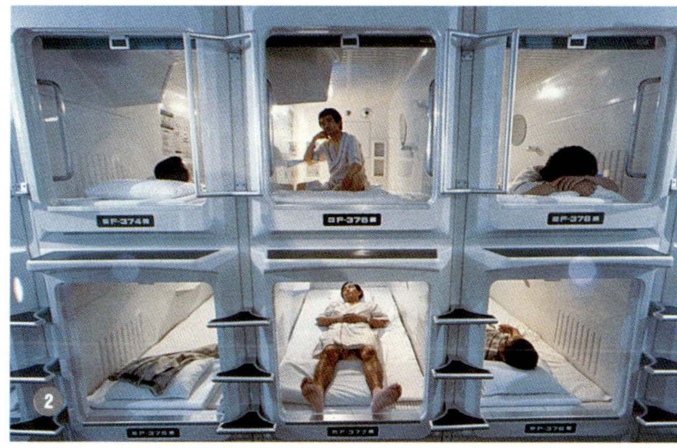

1 2 Die Pläne des Architekten Piers Gough, großzügige Lofts in diesem ehemaligen Rock'n Roll Club in Soho (London) einzurichten, stehen in krassem Gegensatz zu dem Raumangebot des japanischen Hotels, das preisgünstige Schlafkabinen anbietet.

Eine Möglichkeit, für die hohen Decken in Fabriken und landwirtschaftlichen Gebäuden Lösungen zu finden, besteht darin, Zwischengeschosse oder umlaufende Galerien einzubauen. Dies kann zu äußerst kreativen Treppenlösungen inspirieren, die von einfachen Feuerleitern bis zu Treppen aus Stahlgeflecht reichen, die wie im Bootsbau mit Segelleinen bespannt sind.

Natürliche und künstliche Lichtquellen müssen einander ergänzen und an Wohnzwecke angepaßt werden. Fabriken und Lagerhäuser wurden häufig tagsüber elektrisch beleuchtet und sind so gebaut, daß ganze Bereiche dämmrig bleiben. Neben den traditionellen Lösungen – Dachfenster und Oberlicht – haben Designer und Architekten überraschende Ideen entwickelt, um Licht auch in die dunkelste Ecke zu bringen.

Ebenso wichtig wie Licht ist Akustik. Kleine Räume tragen dazu bei, Geräusche einzuschließen, wohingegen weite, offene Räume diese als Echo verstärken können. Oberflächenmaterialien auf Böden, Wänden und Decken können Geräusche teilweise absorbieren, ebenso Polstermöbel.

Wenn man ein Apartment in einem Lagerhaus oder in einer Scheune einrichten will, müssen die Entscheidungen, wie der Raum aufgeteilt, beleuchtet und möbliert wird, zu einem Zeitpunkt getroffen werden, an dem das Objekt noch leeres architektonisches Gehäuse ist.

Raumgehäuse

3 Raum & Proportion

Von außen sehen viele potentielle Lofts aus wie stattliche, beruhigend massive Backsteingebäude. Das Innere bietet sich dann als *Terra incognita* dar. Was ist aus der Eingangshalle geworden? Oder den Fluren, die zu und von den Räumen wegführen? Ist das ein Schlafzimmer auf dem emporenartigen Zwischengeschoß? Und warum gibt es so wenig Türen?

Das Reizvolle am Kauf eines Industrieobjekts, das nie für Wohnräume konzipiert wurde, liegt in der freien Wahl der Raumaufteilung und im Spiel mit den Proportionen.

Der Architekt Piers Gough hat einmal erläutert, wie einige Bauherren ehemalige Industrieobjekte in überschaubare, bewohnbare Einheiten unterteilen und Versorgungsanschlüsse einbauen, ohne dabei allzu sehr einzugreifen. »Das Wohnen in Lofts ist eine moderne Alternative, und wir ermöglichen es. Haben wir es mit einem Gebäude zu tun, das eine eigene Atmosphäre und Qualität hat, dann ändern wir so wenig wie möglich. Statt es zu verändern, wollen wir das Gebäude eher entdecken und dem Besitzer das Erlebnis der Weite und des gesamten Ambiente ermöglichen.«

Der Reiz der Weite kann durch die industrielle Vergangenheit des Gebäudes eingeschränkt sein. Wände, die stabil genug waren, eine Druckstraße zu tragen, sträuben sich womöglich dagegen, verhüllt zu werden;

1

1 Im *Pattern House* des Architektenbüros Arthur Collin wurden die Decken, an denen Rohrleitungen verlaufen, auf eine ›menschlichere‹ Höhe herabgezogen, Trennwände eingezogen und ein Wandschirm hinter dem Sofa aufgestellt.

2 Niedrige Trennwände spielten auch beim Umbau dieser Autowerkstatt in Deptford (London) eine Rolle. Der Architekt Mark Guard entfernte alle horizontalen Träger, die das ursprüngliche Dach trugen, um einen großen Hauptwohnraum im ersten Stock zu schaffen.

Dachsparren aus verstärkten Stahlträgern, die sich wie Straßen kreuzen, oder unzugängliche Winkel, in denen einst schwere Maschinen standen, in eine Wohnungsplanung einzuarbeiten kann sich als äußerst problematisch erweisen. Einige Architekten integrieren vorhandene Einschränkungen in die neue Anordnung. Der Kupferkessel in Michelle Harringtons Entwurf für eine ehemalige Mälzerei in Melbourne

1

wurde beispielsweise restauriert, und die dazugehörigen Pumpen stehen in der heutigen Eingangshalle.

Der Bauträger beauftragt häufig Innenarchitekten, einen ›Musterraum‹ zu gestalten, damit potentielle Käufer die Möglichkeiten des Gebäudes besser erfassen können. Aus finanziellen Gründen sind diese Räume meist die kleinsten der gesamten Anlage. Versucht man über die dekorative Verkleidung von Wand und Boden, die Kücheneinrichtungen und die Fliesen im Bad hinwegzusehen, kann man sich eine Vorstellung von den Möglichkeiten des Raums und seiner Proportionen machen. Die Lage der Fenster beispielsweise beeinflußt die Position des Schlafzimmers oder der Sitzbereiche, die der Küchen und Bäder wird durch den Sanitärkern festgelegt.

Die Form eines Apartments in einem großen Gebäude kann unkonventionell sein. Industrielle Einbauten wie Schächte oder Aufzüge, die nicht entfernt werden können, beanspruchen einen nicht unerheblichen Teil des Raums und müssen in der Planung berücksichtigt werden. Außerdem mussen Sicherheits- und Brandschutzvorschriften aus den Bauordnungen beachtet werden: beispielsweise Lage und Maße von Treppen sowie Brüstungshöhe; ab einer bestimmten Raumtiefe (40 m) müssen Trennwände mit Feuerschutztüren das Gebäude in Brandabschnitte unterteilen.

Wenn Raumgehäuse als Wohnungen verkauft werden, so erhält man die sprichwörtlichen vier Wände und die Eingangstür sowie alle Installationen: Gas, Strom und Wasser. Die Bauordnung variiert in den verschiedenen Ländern, und daher ist es sinnvoll, sich in dieser Phase von einem Architekten und Statiker beraten zu lassen, die die persönlichen Raumvorstellungen mit den bestehenden Vorschriften in Einklang bringen können.

Bei den räumlichen Veränderungen bleibt genügend Spielraum für eigene Vorlieben. Der Architekt Claudio Silvestrin fragt: »Warum in einem großen Raum in vielen kleinen leben?« Sein idealer Auftraggeber verlangt lediglich eine Tür zum Badezimmer und vielleicht eine weitere zum Kinderzimmer. Einmal erhielt er den Auftrag, die drei Schlafzimmer eines Londoner Hauses in zwei umzuwandeln – dem Bauherrn lag so viel am Charakter der Räume, an Weite und Licht, daß er bereit war, sich diese Aufwertung seiner Wohnqualität etwas kosten zu lassen.

Gebäude, die nie zum Wohnen gebaut wurden, stellen eine Herausforderung dar, jene Proportionen zu

1 Der katalanische Architekt Ricardo Bofil lebt in den ›Ruinen‹ einer Zementfabrik. Die ehrfurchtgebietenden Proportionen werden durch hohe Bogendurchgänge hervorgehoben, während große Teppiche auf dem Boden wohnliche Sitzflächen abgeben.

2 Wenn es keine Einzelräume gibt, kann man mit Wandschirmen den Raum aufteilen. In diesem New Yorker Loft haben die Architekten Dean und Wolf eine schlanke Säule mit einem frei stehenden Raumteiler hervorgehoben.

3 Ein großes Farbfeld an der Wand und ein dagegen gelehnter Rahmen, der ein abstraktes Gemälde wie eine Staffelei trägt, läßt die Proportionen dieses Raums weniger einschüchternd wirken.

2

3

harmonisieren, die sich auf die räumlichen Abmessungen beziehen: die Höhe der Decke im Vergleich zur Grundfläche, die Größe der Fenster und der Türen zueinander. Während ein Lagerhaus seine Bewohner kleiner erscheinen läßt, kann eine Schule, die auf die Größe von Kindern ausgerichtet ist, den Eindruck vermitteln, man sei Alice im Wunderland. Aulen, Turnhallen und Klassenräume mögen geräumig sein, aber Geländer, die Erwachsenen nur bis in Hüfthöhe reichen, und Türgriffe, die so tief angebracht sind, daß man sie ohne sich zu bücken nicht erreicht, bedürfen der Veränderung. Bei seinem Umbau einer englischen Landschule behielt Graham Carr die hüfthoch angebrachten, tiefen Waschbecken im Waschraum bei. In der großen Aula gab es mehr zu tun; dort entfernte er eine abgehängte Decke, die aus Energiespargründen eingezogen worden war, und legte damit zwei der ursprünglichen Bogenfenster frei. Um die Raumhöhe besser zu nutzen, baute er eine Empore ein, die über eine französische Eichentreppe aus dem 19. Jahrhundert erreichbar ist.

Ein Gefühl für Proportionen ist auch bei der Auswahl der Einrichtung wichtig. Paßt man die Größe der Möbel der Raumgröße an, kann man sie damit betonen oder reduzieren. Der Künstler James Brown, der das Heim für seine Familie in einem ehemaligen New Yorker

1 Gilles Bouchez hat das Konzept eines Hauses im Haus in einer ehemaligen Fabrik entwickelt. Sein neues Gebäude mit Küche und Schlafzimmern wurde fast ohne Veränderungen an der Bausubstanz der Fabrik ausgeführt.

2 Die Bogenfenster gaben die Form dieses Inneneinbaus vor, der von den Bostoner Architekten Peter Forbes & Partner diagonal in ein Loft in Rhode Island gesetzt wurde.

3 Die gebogene Wand, die den Wohnbereich von der Küche trennt, weist eine Öffnung auf, durch die man mit der Küche verbunden bleibt und auf die komplizierte Anordnung von Fabrikrohren an der Decke blickt.

4 Die belgischen Besitzer dieser ehemaligen Aula einer Schule zogen eine neue Trennwand mit drei wohlproportionierten Türen in ihren offenen Wohnbereich ein.

Hotel einrichtete, fand Fenster vor, die über zwei Etagen reichten und den Raum vertikal streckten. Massige, bequeme Ohrensessel und andere großzügig dimensionierte, moderne Möbel – etwa von Adolf Loos, Josef Hoffman sowie aus dem frühen Art déco – halfen, die schwindelerregenden Höhen auszugleichen und den Blick horizontal zu lenken. Standardisierte Türen machen den großzügigen Eingang in einen weiten Raum winzig; aus diesem Grund bevorzugen Architekten häufig Türen, die von der Decke bis zum Boden reichen. Einzelheiten, die die Architektur betonen, sind beim Korrigieren von Proportionen von größter Bedeutung. Immer schon haben Innenarchitekten mit diesen Proportionen gespielt, wobei sie eine Sockeltäfelung sowie Gesimse oder andere Zierleisten zum Verkürzen oder Vergrößern des Decken-Boden-Abstands einsetzten. Das Äquivalent zur Sockelverkleidung beim Umbau wäre eine Wandtäfelung, die zwei Drittel der Raumhöhe einnimmt und dazu beiträgt, dem Raum optisch eine menschengerechtere Höhe zu verleihen.

Wenn Doppeltüren den Schwerpunkt eines Raums bilden oder eine Fensterwand die Aussicht auf die Stadt einrahmt, kann dies mit symmetrischen Sitzgruppen auf jeder Seite austariert werden.

3 Fenster

Wie Steen Rasmussen in seinem Buch *Experiencing Architecture* sagt, »kann der gleiche Raum so gestaltet werden, daß er unterschiedliche räumliche Eindrücke vermittelt, indem man einfach die Größe und Anordnung der Öffnungen verändert. Versetzt man ein Fenster von der Wandmitte in eine Ecke, so verändert dies den Charakter eines Raums völlig.« Aber das Versetzen von Fenstern ist kein geringes Problem, besonders da es die Bauordnung hinsichtlich der Straßenansicht des Gebäudes häufig nicht zuläßt oder bei landwirtschaftlichen Gebäuden Eingriffe in die Bausubstanz nicht erlaubt sind. Da ehemalige Industrie- oder landwirtschaftlichen Gebäude zum Teil extrem unterschiedliche Fenstersituationen aufweisen, wird auch das vorhandene Tageslicht stark differieren.

1 Ein fensterloser Raum, in den eine Edelstahlküche eingebaut wurde, wird über ein Dachfenster beleuchtet.

2 Als der Möbel-Designer Nick Allen ein altes Elektrolagerhaus in London erwarb, versperrte eine fensterlose Wand den Blick auf den begrünten Friedhof nebenan. Deshalb hat er den Ausblick mit modernen Fenstern ›geöffnet‹. »Zumindest schaut man uns nicht herein«, scherzt er. So hat man von dem unter anderem mit Truhen und Lloyd-Loom-Sesseln möblierten Raum einen wundervollen Ausblick ins Grüne.

Scheunen haben eher kleine Fenster, die das Innere im Halbdunkel lassen, während einige Industriegebäude Fenster vom Boden bis zur Decke aufweisen. In Scheunen können Dachfenster eingebaut werden, wobei die Dachstabilität zu berücksichtigen ist. Andererseits kann man in vorhandene Lüftungsöffnungen und -schlitze schmale beziehungsweise an Stelle der alten Scheunentore große Glasflächen einsetzen.

Während bei Scheunen oft Licht fehlt, kann in Industriegebäuden zuviel Licht sein. Große, transparente Raumteiler aus Glas mildern den Kontrast zwischen Fenster und Wand. Fensterglas kann angemessenes Tageslicht bis zu einer Tiefe von etwa 6 m einfallen lassen. Sind auf der gegenüberliegenden Seite ebenfalls Fenster, wie in manchen New Yorker Lofts, würde das Licht für einen 12 m tiefen Raum reichen.

Ob man das einfallende Licht filtert, durch Vorhänge abschirmt oder die Aussicht ganz verdeckt, um die Privatsphäre zu schützen, hängt von mehreren Faktoren ab: inwieweit die Wohnung einsehbar ist, von der Höhe des Gebäudes über der Straßenebene und von dem Bereich, den man vom Fenster aus überblickt. Das erste, was man prüfen sollte, ist die Aussicht – ein zwölfgeschossiges Hotel gegenüber, das Schatten wirft und das Morgenlicht abhält, leuchtet nachts wie ein Kreuzfahrtschiff. Der einzige Weg, sich vor der Beeinträchtigung durch zuviel Licht zu schützen, weder begafft noch zu unfreiwilligen Voyeuren zu werden, sind heruntergelassene Jalousien mit tagsüber eingeschaltetem Licht. Andererseits kann eine Wohnung am Wasser durch das von der bewegten Oberfläche reflektierte Licht wie ein Aquarium wirken.

Rundumfenster und helle Oberflächen in Fensterhöhe können ein zu grelles Licht verursachen. Wenn man also keine Sonnenbrille in der Wohnung tragen will, sollte man gedämpfte Farben wählen, die Fenster verschatten oder getönte Scheiben verwenden, wenn die Bauvorschriften dies zulassen. Matte Oberflächen im Fensterbereich tragen dazu bei, grell reflektiertes Licht zu reduzieren. Auch kann man außen am Gebäude in Form eines Vordachs oder eines überhängenden Balkons Licht abschirmen. Bereits vor Jahrhunderten wurden erfindungsreiche Lösungen erdacht, um die einfallende Lichtmenge zu steuern. Pieter de Hoochs Gemälde einer Trinkszene in einem Interieur (1658) in der Londoner National Gallery zeigt

(1) Um möglichst viel Licht in ein ehemaliges Lagerhaus zu bringen, setzten die Architekten Paxton und Locher eine Tür aus gehärtetem Glas ein, die auf einen Innenhof hinausführt und wie ein Garagentor unter die Decke geschoben werden kann.

► *Im Uhrzeigersinn von links oben:*
In Daniel Vials Priorat aus dem 10. Jahrhundert kommt das natürliche Licht aus kleinen zentral angeordneten Fenstern · Ein speziell gefertigtes Fenster, das in eine Backsteinwand eingesetzt wurde, bildet einen Blickpunkt in dieser alten Kutschenreparaturwerkstatt · Beim Umbau einer Kirche in Südafrika modernisierte der Künstler Beazy Bailey die Spitzbogenfenster, indem er die Rahmen in einem grellen Kirschrot-Pink strich · In einer Londoner Fabrik aus den 60er Jahren setzten der Designer Ross Lovegrove und seine Frau, die Innenarchitektin Miska Miller, moderne Fenster mit Aluminiumrahmen ein, um einen optimalen Lichteinfall zu gewährleisten.

eine holzgetäfelte Wand mit Fenstern (aus bleigefaßten kleinen Glasscheiben), deren untere zwei Drittel mit Fensterläden abgeschirmt sind. Bei den oberen Fenstern sind die Holzläden mit Scharnieren so angebracht, daß sie flach zur Balkendecke hin geöffnet werden können. Solche Fensterläden sind jenen vorzuziehen, die aufgeklappt Wandfläche in Anspruch nehmen.

Natürliches Licht verändert sich mit der Tages- beziehungsweise der Jahreszeit und dem Wetter. Diese Wechsel, die reizvolle Reflexe und Muster in der Wohnung hervorrufen können, beeinflussen die Ausrichtung eines Wohnraums. Man sollte daher die Lage der Fenster, die Raumfunktionen und die tagtäglichen Nutzungen in die Wohnungsplanung miteinbeziehen, Arbeitsroutine und Freizeittätigkeiten mit den verfügbaren Räumen abstimmen, um zu gewährleisten, daß alles das beste Licht erhält und dennoch die Privatsphäre gewahrt bleibt. Die Innenarchitektin Jenny Armit plaziert das Bett, das Bad und die Fernsehecken immer an Orten, die am weitesten von den Fenstern entfernt sind, da sie davon ausgeht, daß die meisten tagsüber berufstätigen Menschen diese Zonen erst aufsuchen, wenn das Licht eingeschaltet ist. Küche und Eßzimmer richtet sie an Fenstern ein, um das Essen vorbereiten zu können beziehungsweise das Frühstück am Wochenende, wenn das gegenüberliegende Bürogebäude leer ist.

1 Die Glyzinie, die an dieser alten Werkstatt in Paris wächst, bildet eine Laube, daher benötigen die Fenster nur einfache Gardinen.

2 In einer alten Zementfabrik in Barcelona betonen wunderschöne Rundbogenfenster die ehrfurchtgebietende Höhe des Wohnbereichs.

3 Der Innenarchitekt Vicente Wolf lebt in einer ehemaligen Kleiderfabrik in New York. Auf drei der vier Seiten des Gebäudes befinden sich Fenster, die er unverhüllt lassen will. Dort, wo der Raum einsehbar ist, schützen weiße Baumwolljalousien und Bilder die Privatsphäre.

1

Der Heuschober in Esse

Eine anspruchsvolle Ästhetik

Den minimalistischen Architekten John Pawson mit der Renovierung einer Scheune aus dem 18. Jahrhundert zu beauftragen, die eine aufwendige Holzrahmenkonstruktion aus Stützen, Streben und Pfetten aufweist, mag dem Uneingeweihten, der Minimalismus in der Architektur für gleichbedeutend mit Mangel an Empfindung und Ausdruck hält, ungewöhnlich erscheinen. Aber Pawsons Umwandlung des Raums zeigt die Handschrift eines erstaunlich einfühlsamen Künstlers: Die Scheune bildet einen kühlen und distanzierten Hintergrund für die Installationen, die mit langen, niedrigen, weißen Raumteilern die Orte zum Kochen, Essen oder Sitzen festlegen.

Der Grafiker Sean Perkins und die Fotografin Fi McGhee, denen das Anwesen gehört, suchten jahrelang jedes Wochenende nach einer geeigneten alten Scheune oder einem Stall, wo sie ihr Pferd und das dazugehörige Equipment samt Futter unterbringen konnten. Versteckt im hügeligen Farmland, eine halbe Meile abseits einer Straße, fanden sie schließlich eine alte Offenscheune, die von landwirtschaftlichen Gebäuden und Bäumen umgeben war.

»Was uns an diesem Objekt am deutige Funktion unkompliziert war.« Und dennoch wußten sie, als die Scheune schließlich zum Verkauf anstand, daß sie große Teile würden abreißen müssen, da über die Jahrhunderte hinweg immer wieder einschneidende Umbauten die klare Struktur des Gebäudes beeinträchtigt und verunklärt hatten.

Die Genehmigung für den Abriß eines Drittels der landwirtschaftlichen Gebäude, die an die Scheune angebaut waren, wurde gewährt, da sie nicht zur ursprünglichen Bausubstanz gehörten und bereits teilweise verfallen waren. Außerdem mußte die gesamte Holzkonstruktion der Scheune aufgebockt werden, um neue Fundamente zu gießen; und bei Händlern von historischen Baumaterialien wurde nach Eichenbalken gesucht, um schadhafte Bauteile zu ersetzen.

und die unverfälschten, traditionellen Baustoffe führte sie zu dem Architekten John Pawson. Ihr minimalistischer Auftrag war »Raum, Licht und Pferde«. Pawsons überaus erfindungsreicher und zugleich kompromißloser Lösung gelingt es, alte und neue Bausubstanz sowie deren Funktionen harmonisch zu verbinden. Während der ganzen Umbauarbeiten hatte er völlig freie Hand, mit Ausnahme des Stallabschnitts für das Pferd. Die neuen Besitzer waren vom Ergebnis begeistert.

Solche minimalistischen Räume mit ihrer überaus anspruchsvollen Ästhetik sind nicht gerade besonders preisgünstig, auch wenn sie manchem durchaus einfach erscheinen mögen. Für die umfangreichen Arbeiten waren neben dem Architekten Landschaftsarchitekten, Heizungs- und Beleuchtungsingenieure, Statiker, Installateure, Elektriker,

»Leere erweckt den Raum zum Leben.«

John Pawson

3

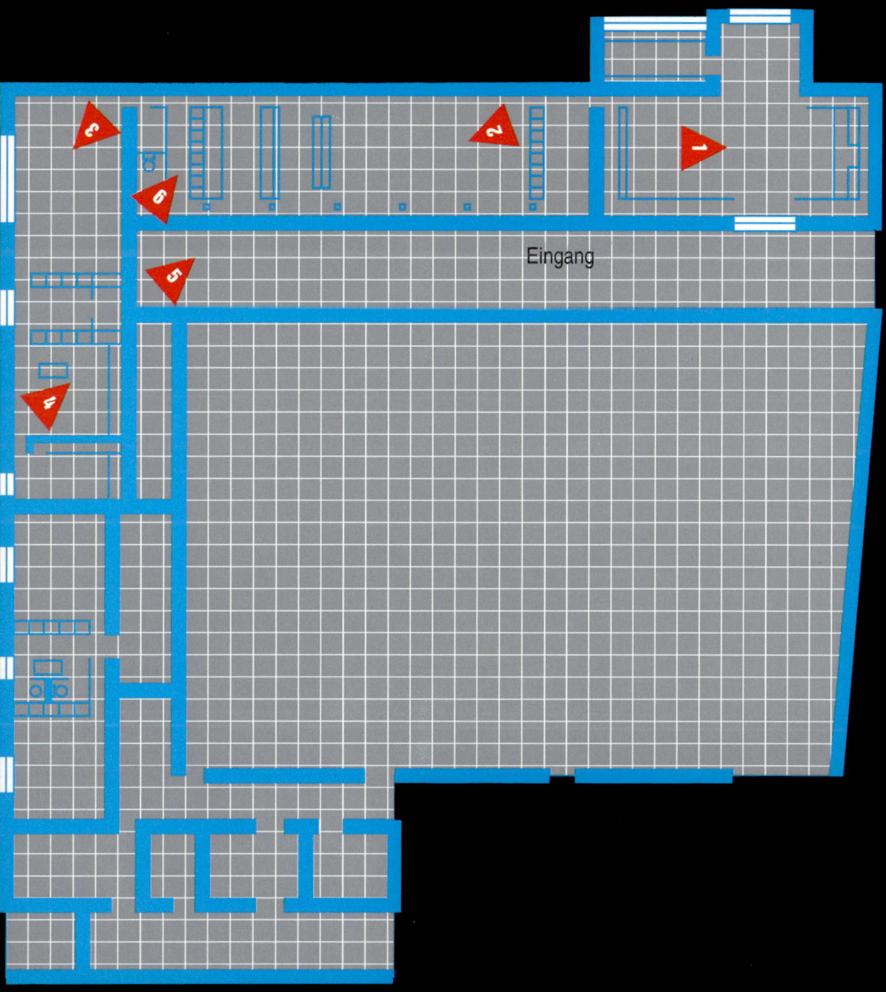

Eingriffe in das Gefüge der alten Scheune ließen sich auf ein Minimum reduzieren. Das Gebäude wurde an beiden Schmalseiten geöffnet, wo es bereits breite Einfahrten für Heuwagen und andere Fuhrwerke gab. Pawson verglaste diese Seiten vom Boden bis zur Decke (2, 3), dann legte er alle Fenster und Türen auf den beiden anderen Seiten des Gebäudes frei. So läßt sich das natürliche Licht wunderbar steuern, was für Fi sehr wichtig ist, da sie das Haus als ihr Studio benutzt.

Der lange Abschnitt, in dem einst Karren und Wagen untergestellt waren (2), ist nun in ein Eßzimmer mit einer Küche an einem Ende aufgeteilt und in ein Schlafzimmer (3) mit einem angrenzenden Bad, Dusche und Ankleideraum (in dem sich Waschmaschine und Trockner befinden) am anderen Ende. Die Hauptscheune wird als Studio und Bibliothek genutzt. Hier entwarf John Pawson einen Raumteiler, der im Haus *Pawson-Wand* genannt wird. Diese monumentale, mit seidig poliertem Putz versehene Wand, die nicht bis an die Decke reicht, dient als Wandschirm mit Bank und trennt eine Entspannungszone ab.

Im Einklang mit John Pawsons rigorosem Ansatz wurden praktisch alle Einrichtungen speziell für das Haus angefertigt, angefangen von den Edelstahl-Arbeitsflächen und steinernen Waschbecken (6) bis zu der tiefen Badewanne aus Stein (4).

5

Das Mobiliar ist entsprechend spartanisch: Steinbänke, die geometrische Tagesliege von Donald Judd (1) sowie ein Tisch und ein Bett nach einem Entwurf von John Pawson.

Der Architekt glaubt, daß »Leere für die Menschen geschaffen ist. Sie ist es, die den Raum zum Leben erweckt. Alles ist dort vorhanden, wenn sie es brauchen.« Bei der minimalistischen Ästhetik gibt es nur reine Geometrie und kein weiches Material. Selbst Lichtschalter, Steckdosen und Kabel sind verborgen, da Pawson glaubt, daß diese Details die Schönheit einer planen weißen Wand stören. Aus dem gleichen Grund gibt es auch nur eine Fußbodenheizung – Heizkörper sind einfach zu dominant. Nichts stört die schlichte Reinheit der Architektur, sei sie alt oder neu.

Einfachheit als Lebensdevise bedeutet, die alltäglichen Verrichtungen und Rituale sowie die existentiellen Notwendigkeiten exakt zu definieren und zu ordnen. Nichts ist nutzlos, alles wird auf die essentielle Form reduziert – eine Scheune symbolisiert Schutz, Erfolg und redliche Anstrengung (bei der Ernte). Werte, die John Pawson wichtig sind.

6

3 Licht

Beleuchtung verändert jeden Raum. Lange bevor die Glühbirne erfunden wurde, verwandte Sir John Soane, der originellste Architekt seiner Zeit (1753–1837), komplexe Spiegelarrangements rund um die Fenster und Oberlichter, um ausreichend Licht in sein Studio fluten zu lassen. Heute beherbergt sein Haus an der Nordseite von Lincoln's Inn Fields in London ein Museum. Des Nachts flackert der Feuerschein von Laternen, und sinneverwirrende Spiegelungen erzeugen nahezu unbegrenzten Widerschein.

Der zeitgenössische Architekt Philip Johnson sagt, daß er bei seinen Gebäuden Licht als dekoratives Element einsetzt. In seinem Glashaus erzeugen Kerzen »ein bewegliches Licht, ein Flimmerlicht«. Tagsüber, wenn mit dem Wechsel der Jahreszeiten das Licht dämmriger wird, nennt er diesen Effekt seine Tapete. Je nach Menge des Tageslichts, das durch die Fenster, oder Dachverglasungen einfällt, sind zahlreiche zusätzliche Beleuchtungskörper erforderlich. Das Licht von Decken-, Wand- und Bodenlampen muß durch Lampen mit gerichtetem Licht ergänzt werden, so daß Helligkeit dorthin gelangt, wo sie am meisten benötigt wird.

Eine Fabrik wird den ganzen Tag über künstlich beleuchtet. An Hand des Grundrisses kann man ermessen, wie weit der Kern des Gebäudes von den Fenstern, den primären Quellen für natürliches Licht, entfernt ist.

1

2

3

1 Der Architekt Andrew Berman hat eine schmale Lichtsäule in die Wand eingefügt und verwendet die gleiche Lichtquelle für kleine in die Decke darunter eingelassene Strahler.

2 Die gewölbte Decke dieses Raums wird von metallenen Bindern gestützt, an denen ein aufwendiges Strahlersystem montiert ist, das sowohl die Decke als auch den Raum erleuchtet.

3 Ein Niveauunterschied in dieser umgebauten Turnhalle einer alten Schule ermutigte die Besitzer dazu, zwei kleine Strahler in eine Stufe einzubauen. Die gebogene Glaswand erzeugt einen räumlichen Lichtkern.

4 Die horizontalen Farbstreifen in dieser Küche nach einem Entwurf von *Circus Architects* ermutigten zu einem spielerischen Einsatz eines Niedervolt-Seilsystems mit kleinen Strahlern, die nach Bedarf ausgerichtet werden können.

5 Die Innenarchitektin Jenny Armit sollte den kleinsten und dunkelsten Raum beim Umbau eines Lofts an der King's Cross Station in London gestalten. Sie plazierte das Schlafzimmer und eine Fernsehecke in den fensterlosen Bereich, da für beides kein Tageslicht erforderlich ist. Die Beleuchtung wurde sorgfältig arrangiert und das Schlafzimmer mit Vorhängen abgeschirmt.

In umgewidmeten Apartments finden sich oft weit von der Fassade entfernt dunkle Nischen in fensterlosen Wänden, und in Scheunen gibt es manchmal überhaupt keine Fenster. Meist sind bei einer Umgestaltung bauliche Maßnahmen, die den Einfall des natürlichen Lichts zu verändern vermögen, nur eingeschränkt möglich.

Beleuchtungsfachleute (die in der Regel vor dem Verputzen der Wände in Aktion treten, da Leitungen und Steckdosen verlegt werden müssen) sollten aber auch die Tisch- und Sitzgruppen berücksichtigen, damit sie zur Geltung kommen. In großen, offenen Räumen müssen Licht und Schatten sehr differenziert eingesetzt werden, da ein flutlichtmäßig ausgeleuchteter Raum am Ende wie ein Sportplatz aussehen kann. So wie sich die Qualität des Lichts im Laufe des Tages ändert, kann auch die Intensität künstlichen Lichts und damit die Tiefe der Schatten gesteuert werden. Licht ist in der Architektur die vierte Dimension, mit der Flächen und Volumen betont oder reduziert werden können. Weiße oder monochrome Wände, aber auch unterschiedlich reflektierende Oberflächen verändern die Wirkung des Raums, wenn er von Licht durchflutet wird.

Für den Einsatz künstlichen Lichts gibt es das konstruktiv architektonische Prinzip, bei dem die Lichtanlagen an das Gebäudegefüge angepaßt werden, sowie den dekorativen Einsatz, der die Gestalt der Lampen und auch Schatten miteinbezieht. Lampen lassen sich an der Wand anbringen, um nach oben zu leuchten, oder aber höher installieren, um nach unten zu scheinen. Diskret in den Boden eingelassen, werfen sie das Licht effektvoll nach oben; eingebaute Deckenstrahler bieten ein blendfreies Licht.

Der dekorative Einsatz sieht Lampen von vielfältigster Form und Funktion vor, die an den unter-

4

5

schiedlichsten Stellen im Raum verteilt werden. Eine Tischlampe etwa, wenn sie auf einem Tisch im Raum steht, gibt ein ideales Licht zum Lesen ab, zur Wand gerichtet, erzeugt sie eine intime und weiche Raumbeleuchtung. Sie erfordert in jedem Fall ein längeres, frei im Raum liegendes Kabel, was so

verlegt werden muß, daß man es kaum sieht und dennoch nicht darüber stolpert.

Innenausstatter neigen dazu, auf Deckenbeleuchtung zu verzichten, da sie für den Raum sehr unvorteilhaft sein kann. Dennoch ist sie in Räumen mit hohen Decken oft unverzichtbar, weil eine zu schattige Decke leicht düster und drückend wirkt.

Bei der Planung der Einrichtung eines Lofts ist nach der Raumaufteilung die Wahl der Beleuchtung die nächste Entscheidung. Die Tischlampen von Charles Rutherfoord können auf einem traditionellen Wohnzimmertisch wundervoll aussehen, aber in einem großen, offenen Wohnraum deplaziert wirken. Sind sie tagsüber ausgeschaltet, erscheinen sie zudem oftmals leblos: »Reihen dumpfer Schatten auf den Tischen«. Andererseits kann aber auch der exzessive Gebrauch von reihenweise montierten Halogenstrahlern an der Decke die Wirkung des Raums stören.

Es gibt die unterschiedlichsten Qualitäten von künstlichem Licht. Das Licht von Leuchtstofflampen wirkt oft grell und weißer als Halogenlicht, es reduziert die Schattenwirkung und neigt dazu, Oberflächentexturen die Tiefe zu nehmen. Eine neue Generation von kompakten Leuchtstofflampen mit langer Lebensdauer und geringem Stromver-

1 Die Architekten Wells und Mackreth installierten Bodenstrahler in den Schieferplatten im Duschbereich sowie Deckenstrahler.

2 Für sein Londoner Loft wählte der Architekt Martin Lee die Leuchte *Titania* von Luceplan, die mit farbigen Filtern zwischen den zierlichen Streben der Lampe ausgestattet ist.

3 Bodenstrahler hinter Rollos sorgen für zusätzliches Licht an schmalen Fenstern.

4 Der Lampendesigner André Tammes betont die rohen Holzsäulen mit Bodenstrahlern und kombiniert hängende Niedervoltlampen im Eßbereich mit dem Leuchter im Shaker-Stil.

5 Um möglichst viel Licht in dieses New Yorker Loft zu bringen, entschieden sich die Architekten Hanrahan Meyers für teilweise durchscheinende Lichtblöcke und Halogenstrahler.

brauch ist jedoch vielseitiger und nahezu in allen Lampen verwendbar. Indirektes Streulicht wirkt wärmer und weicher als akzentuiert eingesetzte Strahler.

Bildleuchten, die man direkt am Bild anbringt, und Wandleuchten, die man in mittlerer Höhe des Raums montiert, sowie frei im Raum stehende Lampen bringen das Licht auf eine menschengerechte Höhe und machen einen Raum behaglicher. Besonders bei einem Fest in offenen Wohnbereichen sind Dimmer unverzichtbar, um jede Lichtstärke individuell nach den wechselnden Bedürfnissen steuern zu können: vielleicht ein hoch angebrachter Kronleuchter, Lampen oder indirektes Licht in einem Bücherregal und Kerzen auf den Tischen. Aus ästhetischen Gründen sollte man die Installationen so diskret wie möglich anbringen. Im Idealfall ist die Lichtquelle, der Leuchtkörper, nicht sichtbar. In der offenen Umgebung eines Industrieraums können zahlreiche unterschiedliche Lichtquellen mit etwas elektrotechnischem Geschick zu einer ansprechenden Lichtinszenierung zusammengefügt werden.

3 Wände

Raumgehäuse

In Fabriken oder Lagerhäusern, in die niemals konventionelle, tragende Wände eingezogen waren, bietet sich die Möglichkeit, mit den verschiedenartigsten Raumteilern zu experimentieren. Der Architekt Frank Lloyd Wright war der Auffassung, daß man die Architektur von den festen Wänden vom Boden bis zur Decke befreien sollte. Der von ihm entwickelte Gebäudetyp, das ›Prairie-Haus‹, ist ein niedriger, weitflächiger Bau, in dem die Räume ineinandergreifen. Gekrümmte Glasbausteinwände, Raumteiler aus Spanplatten, wellige, spiralförmige und frei stehende Wände sowie Duschkabinen aus Edelstahl sind reizvollere Möglichkeiten, einen Raum zu gliedern, als starre Mauern aus Backstein und Mörtel.

2

Die in London ansässigen Architekten Jan Kaplicky und Amanda Levete von *Future Systems* haben sich die Ideen Frank Lloyd Wrights zunutze gemacht und in ihrem fensterlosen ehemaligen Lagerhaus dafür eine moderne Form gefunden. Von der Wohnungstür (der einzigen Tür in dem offen angelegten Apartment) zieht sich eine leichte Trennwand in einiger Entfernung von den Außenmauern durch die Wohnung, umrundet eine Naßzelle, dient etwas erhöht als Spritzschutz für die Küchenarbeitsflächen und windet sich um ein rundes Bett. Sie ist aus Spanplatten gefertigt und mit Autolack in den Schockfarben Pink, Hellgrün und Violett gespritzt. Gleichzeitig architektonisches Möblierungselement wie auch Innenwand, nimmt sie nur etwa zwei Drittel der Raumhöhe ein und läßt so das Licht, das tagsüber durch ein Oberlicht fällt, sich im gesamten fensterlosen Parterre verteilen. Damit das natürliche Licht sich möglichst ungehindert ausbreiten kann, sollte man verschiebbare Trennwände aus einer leichten Holzrahmenkonstruktion wählen, die entweder mit dem traditionellen japanischen Reispapier bespannt sind oder mit einem Spinnvlies mit dem Namen *Tyrek*, das beim Dachdecken verwendet wird und äußerst reißfest und wasserdicht ist.

1

Um noch zuverlässiger als Papier das Licht zu steuern, bieten sich Füllungen aus neuen, vielseitigen Glaserzeugnissen an. So wird mit Glas experimentiert, das auf Licht

1 Für seinen umgebauten, kombinierten Wohn- und Arbeitsbereich schuf Gilles Bouchez eine Glaswand aus zwanzig quadratischen Scheiben. Die mittleren sechs Felder können um eine senkrechte Achse gedreht werden und ermöglichen so den Zugang zum Hof, während die oberen Scheiben reichlich Tageslicht in den Kern des Gebäudes fließen lassen.

2 In einem Musterraum in Saffron Hill (London) hat Nick Hockley eine opake Glaswand installiert.

3 Die Form der großen, schwenkbaren Tür aus gehärteten Glasplatten wiederholt sich in einer Glasplatte, die unter der Decke das Licht des darüberliegenden Oberlichts hereinläßt.

reagiert und mit zunehmender Helligkeit dunkler wird. Das Verbundglas *Priva-Lite* ist mit einem Flüssigkristall-Film beschichtet, so daß es im Normalzustand opak ist und erst durch Anlegen einer elektrischen Spannung transparent wird. Sicher werden einmal ganze Gebäude mit reagierendem Glas gebaut, aber momentan ist diese Technik noch sehr kostenintensiv und wird kaum im Wohnungsbau verwendet.

Mark Guard hat eine Reihe von erstaunlich variablen Wänden entwickelt, einschließlich Schiebetüren, hinter denen flach zusammengeklappte Betten versteckt sind, über ein zentrales Scharnier schwenkbare Platten, die beim Aufklappen eine Küche enthüllen, oder Duschen in Nischen. Er hat auch ein federgelagertes Wandpaneel gebaut, durch das man vom Elternschlafzimmer in den Arbeitsbereich gelangt.

3

1 In den entlegensten Winkel seiner Wohnung in einem alten Lagerhaus in Kapstadt baute Craig Port eine Glasbausteinwand ein, die teilweise die Dusche abschirmt und die Rückwand für ein altes Keramikwaschbecken bildet.

2 Östliche Inspiration verrät der Architekt Nico Rensch, indem er Sperrholz und mit japanischem Papier bespannte Schiebeelemente verwendet.

3 In einem New Yorker Loft wurde eine Tür, die vom Boden bis zur Decke reicht, so geschnitten, daß sie in die Schiebewand eingepaßt werden konnte. Um den Lichtfluß nicht zu unterbrechen, wurde eine zweite Wand zwischen Wohn- und Arbeitsraum eingezogen, die aus großen, rechteckigen Glasscheiben besteht, die von schmalen Leisten eingefaßt sind.

4 Bei diesem umgebauten Kino in Fife (Schottland) ist das weiße Bett von den dunklen Antiquitäten durch einen dünnen, gazeartigen Vorhang in Raumhöhe getrennt. Der Vorhang läßt sich bis zum anderen Ende des offenen Raums ziehen, wo die neu eingesetzte Fensterwand eine Aussicht aufs Meer bietet.

Glasbausteine sind ideal zum Abteilen von Räumen mit unterschiedlichen Lichtanforderungen. Wie das Licht durch den Glasbaustein scheint, hängt von der verwendeten Art ab. Es gibt völlig transparente Glasbausteine, matte, die das Licht brechen, oder solche mit seidenmatter Oberfläche, die zwar lichtdurchlässig, aber undurchsichtig sind. Beim Umbau eines viktorianischen Lagerhauses aus roten Backsteinen, bei dem der Ausblick auf den Fluß durch eine Fensterwand ermöglicht wurde, entschied sich der Architekt für nur eine Innenwand: eine Wand aus Mattglasbausteinen, die die Dusche vom Schlafbereich trennt. Solche Glaswände, die eine eigene plastische Qualität besitzen, sind ungeeignet zum Verstauen von Sachen oder Aufhängen von Bildern. Daher werden sie meist in Naßzellen oder im Eingangsbereich eingesetzt.

Ein wichtiger Gesichtspunkt bei der Verwendung von großen Glasflächen ist die Kälte (und die Wärme), die durch die Scheiben in den Raum gelangt. Philip Johnson, einer der größten amerikanischen Architekten, gibt heute, in den 90er Jahren, zu, daß sein berühmtes gläsernes Haus in Connecticut im Winter

etwas kalt wird und im Sommer zu warm. Aber »man gewöhnt sich daran«, versichert Johnson, nachdem er 45 Jahre lang die Wochenenden dort verbracht hat.

Das Beheizen und Kühlen von Räumen ist mit verschiedenen Vorgängen verbunden. Unter Wärmekonvektion versteht man den Transport der Wärme im Raum, wobei die Zirkulation im Haus durch die Temperaturunterschiede entsteht. Bei der Wärmeabstrahlung geht die Wärme im Haus nach außen durch die kühlen Fenster verloren, und die Temperatur sinkt. Die vorrangigste Aufgabe der Gestaltung und Isolierung der Gebäudefassade besteht darin, die Auswirkung des Außenklimas mit den Bedürfnissen der Bewohner in Einklang zu bringen.

Bei heranwachsenden Kindern kann der Einbau von Trennwänden und Türen angebracht sein. Die Bildhauerin Jacquie Metheny und der Maler und Grafiker Robert Kirschbaum lebten und arbeiteten 17 Jahre lang in einem 195 m² großen New Yorker Apartment. Um es bewohnbar zu machen, mußten sie nur den Putz von den Backsteinwänden und die Decke aus gestanzten Blechplatten entfernen, um Backsteingewölbe freizulegen, unter denen sie an einem Ende in einem einzigen großen Raum mit Fenstern wohnten. Sobald ihre Kinder größer waren, nahm der Architekt George Ranelli eine neue Raumaufteilung vor. Innerhalb der 1,5 m weiten, aneinandergereihten Deckengewölbe installierte Ranelli außergewöhnliche Trennwände – ineinandergreifende Formen aus schwach gemasertem Sperrholz, das roh belassen oder weiß gestrichen wurde, in die aber auch beleuchtete Glasscheiben eingesetzt waren. Die gezackten Formen, die der Manhattan-Skyline nachempfunden waren, grenzen die Küche innerhalb des Wohnbereichs ab und schaffen Bäder und Schlafzimmer hinter Türen. Nicht alle Eltern stürzen sich in solche baulichen Maßnahmen. Die Architektin

KARL VON FREYBURG
MARSDEN HARTLEY
1943

1 Über der alten Fußleiste in der ehemaligen Oddfellows Lodge, die dem Maler Robert Indiana gehört, sind noch alte Wanddekorationen zu sehen, die die Inspiration zu dem kühn gemusterten, von Wand zu Wand verlegten Teppich lieferten. Auf einer mit Stoff bedeckten Kommode steht ein Gemälde des Künstlers.

2 In einer Schule von 1929 setzten die Besitzer die mahagoni-gerahmten Wandtafeln vor eine weiß verputzte Wand und richteten den Raum schlicht und funktional ein.

3 Die unverkleideten Holzwände wurden mit hellgrauen Farbpigmenten eingerieben, um an Treibholz zu erinnern.

4 In einer Molkerei in Toronto waren die Fensteröffnungen sehr klein, damit der Raum kühl und dämmrig blieb, es wurden daher die originalen Fenster beibehalten, die nur wenig Sonnenlicht hereinließen. Weißverputzte Wände und Böden bilden den perfekten Hintergrund für eine schlichte Anordnung des Mobiliars.

Sophie Hicks kam in ihrer Londoner Wohnung ohne Kinderzimmer aus, indem sie ein aufgeblasenes gelbes Gummischlauchboot in ihrem Eß- und Kochbereich für Spielsachen und das Baby aufstellte. Sie sagt, dies sei billiger und lustiger als ein zusätzlicher Raum.

Vorhandene Wände sind selten attraktiv und befinden sich meist an der falschen Stelle, wenn die Fabrik erst einmal in Apartments eingeteilt ist. Innenarchitekten bauen diese Wände mitunter in ihren Entwurf mit ein, um ihre Masse zu verringern. Die Architektin Eva Jiřičná gestaltete eine vorstehende Kaminbrüstung in einer Londoner Wohnung, die keine Feuerstelle mehr hatte, in Form einer Stufenpyramide um. Als Alternative kann die Wand eine Funktion in der neuen Aufteilung übernehmen und zu einer Ausstellungsfläche für Bilder, einer Regalwand für die Bibliothek oder einer Stellwand für Klappbetten werden. Wenn solche Wände wieder einem Zweck dienen, erscheinen sie weniger störend.

Es läßt sich leichter mit ihnen leben, wenn die vorhandenen Wände neue Oberflächen erhalten oder reizvolle alte Oberflächen freigelegt werden. Backsteine oder blanker Beton können durchaus wohnlich werden, wie es uns der Möbeldesigner James Hong in seinem umgebauten Loft in New York gezeigt hat. Durch das Einreiben von Farbpigmenten in den nassen Beton erreichte er das Unvorstellbare: Beton sieht erstaunlich modern aus. Manchmal erlebt man auch Überraschungen. Beim Entfernen des Industrieschmutzes von den Trägern in einer ehemaligen Hutfabrik in Melbourne, die wie Stahlträger aussahen, entdeckten der australische Fotograf Mark Chew und seine Frau Sally Ann Ballharrie, daß sie aus Oregon-Kiefernholz bestanden.

Auf ähnliche Weise entdeckte die Videofilmerin Zanna die kunsthandwerklichen Ursprünge ihrer umgebauten Schule beim Ablösen der Tapete. Indem sie tiefer vordrang, konnte sie die unterschiedlichsten Muster freilegen. Diese

2

3

4

1 Wände aus rohen Latten geben diesem Industrieraum einen ungewöhnlichen Touch.

Im Uhrzeigersinn von oben links:
Eine glattverputzte, elegant gekrümmte Wand ist für eine alte Scheune an der Küste Norfolks recht ungewöhnlich · Die auffällige Silhouette eines Heizkörpers hinter der undurchsichtigen Glaswand ordnet sich in die Geometrie von Wand und Stufen ein · Durch eine Innenwand aus geriffeltem Kunststoff erhält eine Scheune ein industrielles Aussehen. Die Verkleidung der Sparren und Stützen besteht aus gebürstetem Edelstahl · Ein straff auf Stahlrahmen gespanntes Segeltuch schirmt die Dusche gegen den übrigen Raum ab · Die Wände dieses Lagerhauses in Jersey City sind 15 m hoch und erlauben eine ungewöhnliche Mischung aus Wandverkleidungen in den unterschiedlichsten Stilen · Drahtglasplatten oberhalb einer Holzbrüstung schaffen einen undurchsichtigen Hintergrund für Bilder.

Collage einer archivierten angewandten Kunst in ihrem »Erwachsenenkindergarten«, wie sie die Schule nennt, wird künftige Archäologen erstaunen.

Große Fensterflächen bieten wenig Platz, um Bilder aufzuhängen. Andrée Putman mußte sich daher von einigen Kunstwerken ihrer Sammlung trennen, als sie in ihre größere Wohnung in Paris umzog. Harry Handelsman, Vorsitzender der Manhattan Loft Co., stellte beim Umbau seines eigenen Penthouse an der Bankside in London fest, daß die gekrümmten Wände ihm nicht hinreichend Platz für seine begonnene Kunstsammlung boten. Dennoch sehen viele Sammler ein Loft als den idealen Raum für ihre Kunst. Die Architektin Annabelle Selldorf sagt,

1 Piers Gough verwandte Leder für die Wände seines eleganten Umbaus der Manhattan Loft Co. in London. Weiches Rindsleder, straff bis unter die gewölbte Decke gespannt und mit einer Fußleiste abgeschlossen, wird sich im Lauf der Zeit farblich noch positiv verändern.

2 Der Bühnenbildner Richard Ferbrache verkleidete die Wände seiner Wohnung in einem Fabrikgebäude in Toronto mit Bankschließfächern, die er so arrangierte, daß die Messinggriffe und Schlüssellöcher optimal zur Geltung kommen. Die Türöffnung, die wie ein aus einer Tresorwand geschweißtes Loch gestaltet ist, hat sich von der Bankatmosphäre inspirieren lassen.

daß sie häufig aufgefordert werde, New Yorker Lofts für Kunstsammlungen umzugestalten, weil sie den Wohnbereich wie eine Galerie behandelt, indem sie fragt: »Wo ist eine gute Wand? Wie wollen Sie die Kunstwerke dort plazieren? Wie machen Sie aus dem Raum einen guten Betrachterstandort?« Nach ihrer Definition ist eine Wand dann eine ›gute Wand‹, wenn sie ungünstige Raumproportionen auszugleichen in der Lage ist. Bei einer Umgestaltung eines Lofts in New York beschrieb sie das ursprüngliche Eßzimmer als »einen langen, dürftigen Raum, der vom Wohnzimmer durch eine viel zu dünne Wand abgeteilt wurde«. Die Wandöffnungen hatten ein »merkwürdiges Format und waren ungünstig plaziert«. Der Wohnbereich wurde verkürzt, indem die Wand schranktief verstärkt, der lange, schmale Eßraum geteilt und ein Arbeitszimmer hinter einer schlanken Wand aus beleuchteten Glasfalttüren eingerichtet wurde.

2

3 Böden

Gebäude, die schwere Einrichtungen und Maschinen aufnehmen mußten, sind mit verstärkten Trägern auf jeder Etage ausgestattet, die diese außergewöhnlichen Lasten ermöglichen. Dies hat den Vorteil, daß die Decken alles – vom Whirlpool-Becken bis zum schweren, antiken Himmelbett oder sogar einen Dachgarten – tragen können (nicht alle Dächer sind dafür geeignet, dies sollte man prüfen). Von Nachteil ist, daß die Ebenen innerhalb dieser massiven Konstruktionen nur schwer zu verändern sind. Selbst das Einlassen einer Badewanne in den Boden kann so kompliziert sein wie das Bohren nach Erdöl.

Die Änderung der Bodenbeläge innerhalb eines so großen Bereichs hat eine beträchtliche Auswirkung auf den gesamten Raum und kann darüber hinaus sehr teuer werden. Deshalb sind für Lofts interessante Alternativlösungen zu traditionellen Bodenbelägen gefragt. Für die Böden in Mailands schickstem Laden für moderne Möbel, dem *Cappellini*, mischte der englische Designer Jasper Morrison Harz unter Beton, mit dem der Boden ausgegossen wurde. Die seidig polierte, silbergraue Oberfläche sieht eher aus wie Stein als Beton, ist aber viel preiswerter. Verbindet man dagegen verschiedene Materialien, erhält man stärker strukturierte Oberflächen. Peter Elliott legte in den Beton eines Küchenbodens Flußkiesel, die er dann mit einem Terrazzo-Schleifer glatt polierte. Im übrigen Teil seiner Wohnung in einem Lagerhaus in Melbourne setzte er die verschiedenen Bereiche durch unterschiedliche Oberflächeneffekte gegeneinander ab.

Einige Böden von Industriegebäuden lassen sich schwer in das Alltagsleben integrieren. Der Betonboden eines ehemaligen Kraftwerks in Texas hatte tiefe Furchen, in denen Kabel verliefen. Beim Umbau nutzte der Architekt Gary Cunningham sie für die Elektrokabel der Wohnung, die er dann mit verstärktem Verbundglas abdeckte, durch das sie weiterhin sichtbar sind. Das Begehen von Glas kann zwar ein unsicheres Gefühl hervorrufen, aber gehärtetes Spezialglas ist in der Lage, großen Belastungen standzuhalten und sogar als Wand für ein Schwimmbad zu dienen. Um Tageslicht, etwa aus Oberlichtern, in die oft großen Räume zu holen, werden von manchen Architekten Glasböden in Treppenabsätze eingebaut.

Muster jeglicher Art sind hervorragend geeignet, einem besonderen Teil des Wohnraums Aufmerksamkeit zu verschaffen. Außerdem läßt sich so mit optischen Mitteln auf die jeweils andere Raumfunktion hinweisen.

1 Auf dem Boden eines Gebäudes aus dem 12. Jahrhundert in Mallorca wurden Strandkiesel von gleicher Größe und Schattierung in Zement eingebettet.

2 Diese Malerei auf einem Linoleumboden wird durch eine Versiegelung geschützt.

3 In einer umgebauten Getränkefabrik in Brooklyn behielten Paul Ochs und der verstorbene argentinische Maler Osvaldo Gomariz die originalen Steinplatten auf dem Boden bei und trennten den Wohn- vom Arbeitsbereich durch ein erhöhtes Holzpodest ab.

Rick Mather verwandte in einem Apartment Gänge und Treppenabsätze aus Glas, damit das Licht ungehindert bis in die Eingangshalle darunter fallen konnte.

Für viele Hauseigentümer ist ein Holzfußboden eine große Investition. Ältere Lagerhäuser, besonders solche, die am Wasser liegen, wo die unterschiedlichsten Güter abgeladen wurden, haben oft Holzböden aus breiten, stabilen Dielen. Begehrt und empfehlenswert sind auch die Holzböden aus ehemaligen Turnhallen oder Schulen, weil die massiven Eichen- oder Buchenbretter viel stärker sind als heutige furnierte Bodenbretter. Wiederverwertbare Dielen bei Abbruchunternehmen ausfindig zu machen erfordert geduldige Detektivarbeit, und für das anschließende Verlegen benötigt man einen erfahrenen Parkettleger. Der Designer Ross Lovegrove und seine Frau, die Architektin Miska Miller, behielten den Holzfußboden in ihrem umgebauten Lagerhaus in London trotz vieler Kerben und Nagellöcher. All diese Löcher sind jetzt mit einer speziellen Spachtelmasse aus dem Autokarosseriebau in fluoreszierenden Farben aufgefüllt.

Holzfurnier, Gummi, Linoleum und mit Farbpigmenten versetzter Zement, der abschließend glatt poliert wird, sind einige der weniger kostspieligen Möglichkeiten für große Bodenflächen. In traditionellem Klötzchenmuster furnierte Holzplatten greifen beim Verlegen so dicht ineinander, daß man später die Übergangsstellen kaum sieht. Wechselnde Fußbodenoberflächen können einen Funktionsbereich hervorheben, beispielsweise gehämmerte Edelstahlplatten für stark beanspruchte Bereiche wie Küchen oder Eingänge. Auch das etwas altmodische Linoleum hat sich zu einem der vielseitigsten Materialien in modernem Design entwickelt. Beim Umbau der Bankhalle von Philip und Carol Thomas fand das klassisch gesprenkelte Linoleum eine Wiederauferstehung, da die Besitzer darin eine erschwingliche Alternative zu Travertin oder Marmor sahen.

Ist man einmal dabei, den Bodenbelag zu ändern, ergibt sich die willkommene Gelegenheit, auch die Ebenen zu verändern, etwa in Form einer Stufe hinunter in den Wohn- oder hinauf in den Eßbereich. Nicht immer sind die unterschiedlichen Ebenen gewollt, manchmal sind sie einfach notwendig. Julian Metcalfe, der Gründer der Fast-Food-Restaurants *Prêt à Manger*, erwarb drei viktorianische Klassenzimmer in London, jedes eine ganze Etage einnehmend, um sie zu einer Wohnung für seine Familie umzubauen.

1 Die Kunst einer Umbauplanung liegt darin, das Beste aus dem Vorhandenen zu machen. Suzanne Lumsden hat die breiten Holzdielen des originalen Kirchenbodens beibehalten.

2 Die kleinen mattgrauen Mosaikfliesen in der Eingangshalle gehen in einen Holzboden im Eßbereich über, der wiederum einem hellen Teppichboden im Wohnbereich des Architekten Vincent van Duysen in seinem Antwerpener Apartment Platz macht.

3 Anstatt sich mit der mühsamen Suche nach wiederverwendbaren Bodenbrettern abzugeben, haben sich die Besitzer dieses Raums für einen praktischen Sperrholzboden entschieden.

Die Fenster der Klassenzimmer waren sehr hoch angebracht, damit die Kinder während des Unterrichts nicht hinausschauen konnten – eine Baugenehmigung für eine Veränderung der Fenster war nicht zu erhalten. Deshalb hob der Designer Willie Nickerson den Fußboden um 50 cm an, damit die gleichmäßig angeordneten Fenster besser genutzt werden konnten. Jetzt haben die Bewohner auch am Tisch sitzend ausreichend Tageslicht, und die Proportionen des Raums haben sich vorteilhaft verändert. Hätte man die große Fläche von Küche und Wohnbereich mit Trennwänden abgeteilt, wäre die Mansarde zu einer Puppenstube geworden. Daher verwandte Nickerson niedrige Einrichtungsgegenstände, die Ruhezonen oder Bereiche für die Konversation schaffen, in denen Kelims und Brücken verteilt wurden, um die herum Clubsessel, einige moderne Möbel und Bücherregale angeordnet sind, so daß der Raum eine gelehrte Atmosphäre erhielt. Mit dieser Lösung wurde nicht nur der Raum geteilt, sondern auch die Geräuschentwicklung durch textile Einrichtungsgegenstände gedämpft.

1 In einer ehemaligen Fabrik für Holzpolituren lackierte der Innenarchitekt Michael Green die Dielen weiß und versiegelte sie dann in mehreren Schichten, bevor er in einem separaten Abschnitt quadratische weiße Keramikfliesen legte.

2 Ein Laufweg aus Metallrosten mit Geländern, die mit Seilen bespannt sind, läßt Licht in das Apartment fallen.

3 Zwischengeschosse & Treppen

In den meisten städtischen Wohnungen sind die Räume schmal und scheinen sich eher vertikal auszudehnen. Selten findet man Räume, die sich wie die Pavillons von Mies van der Rohe oder die Prairie-Häuser von Frank Lloyd Wright scheinbar nur in die Horizontale ausbreiten und öffnen. In ehemals industriell oder landwirtschaftlich genutzten Gebäuden findet man dagegen genau diese weiten, offenen Räume ohne Keller, Treppenabsätze und Dachböden vor. Manchmal sind aber dennoch einige Unterteilungen wünschenswert und notwendig, besonders für Bereiche wie Bade-, Schlaf- oder Kinderzimmer.

Verschiedene Ebenen einzuziehen kann daher ein probates Mittel sein, diese großräumigen Apartments zu gliedern, ohne die Sicht oder den Lichtfluß durch starre Einbauten zu behindern. Eine an einer fensterlosen Wand eingezogene Zwischenebene – um eine vom Boden bis zur Decke reichende Glasfront nicht zu unterbrechen – kann als Schlaf-, Eß- oder auch als Arbeitsbereich dienen, sofern dort kein Übermaß an natürlichem Licht erforderlich ist.

Wohnen auf versetzten Ebenen, das kann einfach nur ein Hochbett auf einem Gerüst bedeuten, aber auch ein kompliziertes Netz aus verbundenen Laufwegen mit davon

Anstatt einen Raum mit massiven Wänden zu zerstückeln, ist man bei vielen Umbauten dazu übergegangen, den Raumfluß nicht zu behindern, und zieht eine Lösung mit Zwischengeschossen vor, die über Leitern, Treppen oder Laufwege zugänglich sind.

1 Eine Leiter führt zu einem ›Horst‹ unter dem Dach: eine Hängematte zwischen zwei Dachträgern. Das Schwindelerregende der Höhe wird von einem kräftigen Träger darunter abgesichert.

2 Der weite Raum des Lofts, das von den Architekten Kiss Cathcart Anders umgestaltet wurde, ermöglicht Laufwege jeglicher Art. Leitern führen zu einem Zwischengeschoß in der hangarähnlichen Halle.

O. WINSTON LINK / RAILROAD PHOTOGRAPHS OF THE 1950'S

abgehenden Kabinen zum Schlafen oder Baden sein, wie in der Kulisse eines Science-fiction-Films. In ein Londoner Loft mit über zwei Seiten laufenden Industriefenstern und zwei freigelegten Backsteinwänden zog der Fotograf Bob Baldwin eine Empore auf Pfeilern ein, um einen Schlafbereich zu schaffen, der etwas von dem avantgardistischen Geist seines Besitzers zum Ausdruck bringt. Gebrauchtes Bauholz und handbehauene Balken, umgeben von alten Backsteinwänden, zeugen von einem unvoreingenommenen Umgang mit einfachen Materialien.

Da sie hohe Decken haben, eignen sich auch landwirtschaftliche Gebäude für das Wohnen auf verschiedenen Ebenen. In John Stephanidis' Molkerei wurden die Ställe im Parterre zu Wohnräumen umgebaut.

Unter den steilen Satteldächern der Scheunen kann man Schlafzimmer einrichten, wo früher Stroh und Heu gelagert wurde. Die Leitern, die einst die einzelnen Ebenen miteinander verbanden, werden heute gern von Kindern benutzt, um in ihre Etagenbetten zu steigen.

Fabriken und Lagerhäuser haben in der Regel besonders stark belastbare Böden, die so dick sind, daß man eine Badewanne einlassen oder sogar ein Schwimmbecken auf einer oberen Etage installieren könnte. Die Architekten Heide Locher und Richard Paxton nutzten diese stabilen Betonböden in ihrer ehemaligen Druckerei, um sich ein Schwimmbad im oberen Stock einzubauen. Sie könnten schwimmen, kochen, sich unterhalten und fernsehen, ohne ihre Etage zu verlassen.

In einem kühnen Unterfangen entfernte der Architekt Seth Stein die Zwischenwände in einem umgebauten Londoner Penthouse, das vor einem Jahrhundert von Sir Edwin Lutyens erbaut wurde. In dem 19 m langen und 6 m hohen offenen Wohnbereich bietet eine in 3 m Höhe eingezogene Empore Platz für einen Arbeitsbereich an dem einen Ende des Raums und für den Fitneßbereich des Besitzers am anderen Ende. Statt unterhalb dieser hohen Decken ein traditionelles Bad einzubauen, wurden in einem 4 m hohen runden Turm in der oberen Ebene eine Whirlpool-Badewanne und darunter eine Duschkabine installiert.

Besonders die Treppenlösungen haben es einigen Architekten, deren ausdrückliches Anliegen einfache und klare Strukturen sind, bei den Industrieumbauten angetan.

1 Stahlträger tragen eine Plattform oder ein Zwischengeschoß. Die Raumhöhe dieses Apartments erlaubt es, eine Küche auf dem Treppenabsatz einzurichten, von wo aus Treppen zu den Eßbereichen und nach unten führen. So entstehen interessante Durchblicke, und die offenliegenden Träger zeigen reizvolle Strukturen.

2 Dieses Innenstadtapartment besitzt eine so hohe Decke, daß die Bewohner sie in kräftigem Gelb streichen konnten, das sich in den Pfeilern zwischen den Fenstern nach unten fortsetzt. Das gleiche Schema der farblichen Zweiteilung hat auch die Möblierung ihres Wohnbereichs auf der Empore geprägt.

aber stabiles Material für Treppenstufen. Ihre Lichtdurchlässigkeit macht sie nahezu transparent.

Eine einfache Leiter zum Erreichen von Etagenbetten in einem umgebauten Heuboden hatte die gleiche Funktion wie eine komplexe Treppenlösung mit Metallstufen und eine mit Seilen bespannte Reling von einer Yacht. Treppen können zu verglasten Küchen auf dem Dach hoch unter dem Himmel führen, zu Schlafplätzen unter den Sternen oder hinunter zum Whirlpool. Selbst wenn eine Treppe nur das kurze Stück zu einer Zwischenebene führt, ist sie nie unauffällig. Da die Treppe einiges über sich ›ergehen‹ lassen muß, ist sie sorgfältig den jeweiligen Anforderungen anzupassen.

»In der Architektur des 20. Jahrhunderts gewinnt die Treppe von neuem an Bedeutung, da sie als Element angesehen wird, das in einem Bauwerk den Raumfluß am stärksten zum Ausdruck bringt«, wie der Architekturhistoriker Nikolaus Pevsner treffend bemerkte.

Treppen beanspruchen viel Platz. Selbst eine Wendeltreppe braucht 2 m^2 Grundfläche, um Stufen in bequemen Abständen zu ermöglichen. Bei einigen Umbauten lohnt es sich, die vorhandenen Treppen zu erhalten beziehungsweise sogar exponiert zu verwenden: In vielen Industriegebäuden können die gußeisernen Treppen, die einst als Feuertreppen dienten, äußerst reizvoll sein. In einer alten Schmiede gingen der Architekt Tim Wood und seine Frau Carol so weit, daß die Originalwendeltreppe das gesamte Erscheinungsbild ihres offen angelegten Wohnbereichs bestimmt. Nur ihr Schlafzimmer und das Bad liegen hinter geschlossenen Türen. Das Bad ist auf einer erhöhten Ebene am Fuß der Treppe plaziert.

Neue Treppen sollten dagegen schwerelos aussehen, was angesichts der Höhe und ihres Volumens eine schwierige Aufgabe ist. Industriestahlroste sind ein beliebtes leichtes,

1 Ein massiver Holzblock erzeugt einen einfachen Höhenwechsel gegenüber dem Betonboden der Eingangshalle und dient gleichzeitig als Sitzgelegenheit. Von der höheren Ebene aus führt eine freitragende, dekorative Holztreppe nach oben.

► Je nach Raumsituation müssen Treppen in engen Windungen und starken Richtungsänderungen geführt werden oder können sich als exponierte architektonische Elemente frei entfalten. *Im Uhrzeigersinn von oben links:* Eine Stahlwendeltreppe betont das von einem runden Oberlicht erhellte Zentrum des Raums am besten · Eine einfache Steintreppe mit zwei Richtungswechseln in einem umgebauten landwirtschaftlichen Gebäude · Eine aufwendige Gußeisentreppe führt von einem schmalen Zwischenabsatz aus wieder in die Gegenrichtung · Gegenläufig angeordnete Stahlwendeltreppen flankieren eine spitzbogige Raumöffnung.

3 Versorgungsleitungen

Die Dinge, die normalerweise hinter einer Verkleidung verschwinden – Wasser- und Heizungsleitungen, Stromkabel, Schächte –, kosten beim Umbau am meisten Zeit und Geld. Wasserrohre und Kabelschächte mit großem Querschnitt für die Fabrikversorgung können unter Umständen augenfälliger sein, als die neuen Bewohner es sich wünschen. Heute werden Lofts oft für gehobene Ansprüche umgebaut: Dank der hohen Räume kann man viele der wesentlichen Versorgungsleitungen unter nachträglich eingezogenen Decken und verlegten Böden verbergen. Daneben gibt es natürlich auch die Möglichkeit, die Versorgungsleitungen als sichtbare Stilmittel aufzufassen.

Jedes Gebäude unterliegt ganz eigenen Einschränkungen, insbesondere hinsichtlich der Lage der Abflüsse. Kann man Strom-, Wasser- und Gasleitungen, wenn es sein muß, um Türen herum und in den Wänden verlegen, kennen Abwasseranschlüsse nur eine Richtung: abwärts und liegen daher häufig im Weg.

2

1

In Finnland sind Vakuumsaugsysteme für Abwässer entwickelt worden, um nicht von den festgelegten Abflüssen abhängig zu sein. Es ist jedoch einfacher und zudem preiswerter, sich mit dem vorhandenen Abwassersystem zu arrangieren. Als Gegner der neuen Vakuumtoiletten warnt Piers Gough: »Jemand wird seine Strümpfe hinunterspülen und das war's dann. Alle Systeme fallen einmal aus, und das ist das Wichtigste, an das man denken muß.« Er glaubt, daß es eine einfache Regel beim Installieren einer neuen Technik zu beachten gilt: »Fragen Sie sich, ob sie Ihren Videorecorder bedienen können, wenn nicht, installieren Sie keine komplizierten Einrichtungen in Ihrem Haushalt.«

Die Innenarchitektin Jenny Armit hat gelernt, um die Versorgungsanschlüsse herum zu arbeiten. In einem früheren Fernsprechamt durchschnitt eine gigantische Traverse, aus der einmal die Kabelschächte gespeist wurden, die Decke. Der Bauträger widersetzte sich allen Argumenten, den Träger entfernen zu lassen. Deshalb verlegte Armit ein auffälliges blaues Spiralkabel in dem stabilen Kabelkanal und schloß daran die mobile Kücheneinheit mit Backofen und Kochfeld an. Der Arbeitsplatz kann leicht in der Küche hin- und herbewegt werden, neben das Spülbecken oder abgewandt vom Eßbereich, so daß die Einheit als Abschirmung dient. Auf diese Weise ist ein großer baulicher Nachteil auf amüsante Art und Weise für einen mobilen Arbeitsplatz adaptiert worden.

Manchmal erlebt man bei den Arbeiten in großen Räumen unliebsame Überraschungen. Beim Zusammenlegen von zwei Apartments von je 165 m² in Manhattan zu einem gewaltigen Raum entdeckte

1 Die Wandverkleidung nimmt zwei Drittel der Höhe eines Duschraums ein. Die Originalrohr- und -sprinklersysteme dieses alten Lagerhauses im New Yorker Stadtteil TriBeCa mit Blick auf den Hudson River zeigen, wie Altes und Neues kombiniert werden können.

2 In einem Kraftwerk in Dallas verglaste der Architekt Gary Cunningham die tiefen Kabelkanäle im Zementboden. Möbel auf Rollen gleiten sanft über diese Trennlinien hinweg.

3 Neue Belüftungsrohre entsprechen der Verbindung von Metall und Holz in diesem Loft und korrespondieren mit den oberen Gängen und Zwischenetagen.

der Architekt Matthew Bialecki eine gewaltige Betonwand zwischen den Räumen, an der sich auch eine Reihe von Rohren und Kabelkanälen trafen. Keineswegs entmutigt betrachtete er das Wirrwarr als »ein Land mit Felsbrocken und Bäumen« und begann mit der »Landschaftsgestaltung« hinter einer Birnenholzvertäfelung. Verputzte Wände und eine von hinten beleuchtete Decke aus Muranoglas in einer Küche, die mit gebürsteten Zinnplatten verkleidet ist, ziehen die Aufmerksamkeit auf sich und von der Wand ab.

Das Beheizen dieser großen Räume kann problematisch werden, aber wenn man bei Schrotthändlern oder den Händlern von historischem Baumaterial sucht, kann man eventuell Heizkörper aus Krankenhäusern oder Schulen finden. Diese wurden zwar nicht für den Einsatz in Wohnräumen ausgelegt, passen daher aber gerade gut in diese Umbauten. Verlängerte Handtuchhalter, leiterförmige Heizkörper und klassische Rippenheizkörper aus lackiertem Stahl sind ansehnliche Ergänzungen. In einer umgebauten, großräumigen Autowerkstatt steht eine kaktusförmige Heizkörperskulptur – entworfen von Paul Priestman – vor einer 14 m hohen Backsteinwand.

Fußbodenheizsysteme liegen, wie es der Name sagt, unter dem Fußboden verborgen und erwärmen dessen gesamte Oberfläche. Sie haben erstaunlich niedrige Betriebstemperaturen, die den Einsatz von vielerlei Bodenbelägen zulassen. Holzfußböden müssen jedoch vom Fachmann verlegt werden, da das Holz durch die Wärme arbeitet, was zu Spalten zwischen den Bodenbrettern führen kann.

Alte rurale Gebäude, in denen einst die Ernte getrocknet wurde, damit sie nicht verdarb, inspirieren zeitgenössische Architekten zu ungewöhnlichen Lösungen für Heiz- und Kühlsysteme, da die Emission von FCKW vermieden werden sollte und Klimaanlagen in dieser Hinsicht die schlimmsten Übeltäter sind. Scheunen zum Räuchern von Tabak oder Trockenschuppen, in denen der Hopfen vor der Lieferung an die Brauerei getrocknet wurde, sind gute Beispiele dafür, wie warme Luft in einem Gebäude aufsteigt. Lüftungsöffnungen in Bodennähe lassen kalte Luft herein, während die erwärmte Luft in ansteigenden Schächten nach oben und außen abzieht. Beim Umbau eines alten Trockenhauses in Bordeaux zu einem Schiedsgericht nutzte der Architekt Richard Rogers die alten Lüftungskanäle und -öffnungen, um ein effizientes Lüftungs- und Heizsystem für die sieben Gerichtsräume zu installieren.

Bei der Planung von elektrischem Licht sollte man daran denken, alle Lampen in einen gesonderten Schaltkreis zu setzen, so daß sie einfach von einer Schalterkombination

1 Ein alter Heizkörper im Originalzustand aus einem Krankenhaus hat den richtigen Industriemaßstab und wird in dieser Wohnung zu einem interessanten Blickfang.

2 Nach dem Umbau einer alten Autowerkstatt beheizen der Designer Paul Priestman und seine Frau Tessa, eine Grafikerin, ihren offenen Wohnraum mit einem skulpturalen, vor Hitze knisternden Kaktus-Heizkörper, der von Priestman entworfen wurde. Er bildet einen aufregenden Hintergrund für die Chaiselongue von Le Corbusier und den Formel-1-Reifen, den der Designer zu einer Fußbank umfunktionierte.

an der Tür aus zu bedienen sind, statt sie alle einzeln schalten zu müssen. Es mag unwesentlich erscheinen, aber in großen, offenen Räumen mit vielen Lampen kann es ziemlich mühsam sein, den Schalter jeder einzelnen Lampe erst suchen zu müssen. Die Kabel können unter dem Fußboden verlaufen und in Bodensteckdosen enden oder in die aufwendigeren Bodenkästen eingesetzt werden, in denen auch die Antennen-, Telefon- und anderen Kommunikationsanschlüsse untergebracht sind. Klangsysteme müssen ebenfalls in der Planung der Verkabelung eines offen angelegten Wohnraums berücksichtigt werden.

Die gemeinsamen Bereiche beim Umbau eines städtischen Lofts sollten immer gründlich untersucht werden, da sie häufig der Grund für den Abbruch der gutnachbarlichen Beziehungen sein können. In den meisten Ländern ist die Abfallentsorgung gesetzlich geregelt, und einige Loftbewohner haben darüber

2

hinaus zusätzliche Sammelstellen für Flaschen, Altpapier und Kunststoffabfall in den Gemeinschaftsräumen eingerichtet. Wegen der Schwierigkeiten, diese Einrichtungen den individuellen Bedürfnissen anzupassen, sind viele Bauherren dazu übergegangen, eigens einen Architekten damit zu beauftragen, diese Einrichtungen sozusagen ›schlüsselfertig‹ für das gesamte Gebäude anzubieten. Im Anfangsstadium der Planung führt dieser Architekt jeden Besitzer in die Baubestimmungen und -vorschriften ein, um ihm so die Nutzung dieser zentralen Einrichtungen zu erlauben.

1

Die Saftfabrik in Antwerpen

Eine farbenprächtige Last

In dieser Fruchtsaftfabrik von 1960 fuhren regelmäßig Lkws ein und aus, um ihre Last in drei gewaltigen Silos abzuladen. Vielleicht war es ihre farbenprächtige Last, die die neuen Besitzer dazu bewog, einen Bananenbaum anzupflanzen und ihn vor wassermelonengrünen, orange- und zitronenfarbenen Wänden aufzustellen. Vielleicht war es auch das weichgraue, regnerische Licht Belgiens, das einen Gegenpol in der intensiven Farbpalette mit dynamischen Akzenten forderte. Terrassen vor und hinter dem Gebäude, ein Wohnraum für den Winter und ein Sommersalon rüsten das Haus für jede Jahreszeit.

Als Kathleen Van Zandweghe und Joris Mampaey die 1000 m² große Saftfabrik etwa 14,5 km außerhalb Antwerpens entdeckten, war das Gebäude ziemlich heruntergekommen. Ein Isoliermaterialhersteller hatte die Fabrik übernommen und dann wieder aufgegeben, wobei er interessante Berge von Abfall hinterließ. Das Dach war undicht, die Fenster zerbrochen, und das Gras stand hüfthoch. Aber Kathleen Van Zandweghe konnte die Ästhetik, und was noch wichtiger ist, »die perfekten Proportionen der Gesamtkonstruktion« erkennen. Der wichtigste Maßstab beim Umbau sollte die Erhaltung der Proportionen des ursprünglichen Raums sein.

Doch bevor sie die baulichen Veränderungen in Angriff nahmen, untersuchten sie die Lage des Gebäudes. Die Straßenfront zeigt nach Osten, dort befindet sich ein Nachbarhaus auf der einen und eine Koppel auf der anderen Seite. Die Rückseite der Fabrik schaut nach Westen, wo Felder und Wälder liegen. Diese Lage führte zu der Entscheidung der Besitzer, einige Fenster zu vergrößern, um auch mehr Tageslicht hineinzulassen, andere Fenster zuzumauern, um die Privatsphäre zu schützen, und zwei Terrassen anzulegen.

Bei der Planung gab es keine Einschränkungen durch Bauvorschriften, aber das selbstauferlegte Prinzip der Respektierung der Gebäudeproportionen bedeutete, daß die Originalfenster in der Fassade erhalten werden mußten. Kathleen und Joris verlegten den Haupteingang von der Straßenseite zur Südwestseite des Hauses auf eine Ebene, die etwas unterhalb der Straßenebene lag. Nach Norden gerichtete Fenster, die ein hartes, kaltes, graues Licht in ihr Wohnzimmer für den Winter ließen, wurden zugemauert, einige Verandatüren, die zum hinteren Garten führen, dagegen neu durchgebrochen. Weil die eigentlichen Wohn-, Schlaf- und Badezimmer einen Meter über der Straßenebene liegen, sind sie für Passanten nicht einsehbar, mit Ausnahme an einer Seite, wo sandgestrahlte Glasscheiben in der unteren Hälfte der Fenster den Einblick verwehren.

Alle Wandlampen sind auf einer einheitlichen Höhe von 1,6 m angebracht. Zusätzlich sind Boden- und Tischlampen, einige mit farbenfrohen Muranoglasschirmen, dort aufgestellt, wo es einen besonderen Bedarf an Licht gibt.

Das Paar bezog die Saftfabrik, solange der Raum noch eine leeres architektonisches Gehäuse war, um herauszufinden, wie sie den Raum am besten bewohnen könnten. Sie gestalteten Wohn- und Eßzimmer entlang der Nordseite des Hauses, die Bäder grenzen an den Schlafraum auf der südlichen Rückseite an. Bäume filtern das Tageslicht, daher gibt es keine Vorhänge oder Jalousien. »Diese Raumplanung erfolgte so selbstverständlich wie weibliche Intuition«, sagte Kathleen.

»Farbe ist unser Markenzeichen.« Kathleen Van Zandweghe und Joris Mampaey

3

Das Wohnzimmer für den Winter richteten sie in einem ehemaligen Lagerraum (5–7 und 9) ein und installierten eine große Glastrennwand, um Licht in den angrenzenden Raum durchzulassen. Dieser hohe Raum dient jetzt als ihr Sommersalon. Hier mußte der Boden angehoben werden, da er 1,6 m unterhalb der Gartenebene lag. Im Sommer verbringt das Paar viel Zeit auf der Terrasse (1), die nahtlos in den Sommersalon übergeht. Bei einem Klima, das sie als »strahlend mit Regenschauern« beschreiben, sind sie »in der Lage, die rückwärtige Terrasse zu nutzen, aber schnell nach drinnen zu flüchten, wenn es gießt.« Vor der Erneuerung des Fußbodens wurden überall Rohre für eine Gaszentralheizung verlegt. In den Hauptwohnbereichen gibt es drei Kamine. Der Architekt Mallet Stevens entwarf den in die Wand eingelassenen Kamin für das Winterwohnzimmer.

So wurde ein Raum bewohnbar gemacht, der einst für eine mächtige Maschine gebaut wurde. Sogar zwei Silos für die Lagerung der Früchte haben durch den Umbau in modifizierter Form eine neue Funktion erfahren. In einem Silo ist eine Treppe zum Sommersalon untergebracht, und das andere beherbergt die Küche (2). Der Küchenarbeitsplatz, der über Gänge mit dem Schlafbereich (8), dem Wohnzimmer, dem Raum an der Frontseite und dem Bad verbunden ist, kann als Zentrum des Hauses betrachtet werden.

Um die Wand-, Decken und Bodenflächen zu gestalten, entschieden Kathleen und Joris, nicht zu stark in die jeweilige Struktur einzugreifen, mit Ausnahme der Bereiche, die man täglich unter den Füßen hat. Die verputzten Wände und Betontreppen boten leere ›Leinwände‹, die sie nach und nach in leuchtenden Farben strichen. Die Böden strahlen in wechselnden Mustern und Materialien. Mehr als zehntausend kleine polierte rechteckige Stahlplatten sind auf den Zementboden des Schlafzimmers geklebt, wo die Lederstühle von Le Corbusier stehen. Das Badezimmer hat einen Boden aus Glasmosaiken, die mit winzigen rauchgrau-blauen Fliesen durchsetzt sind, während das orangefarbene Linoleum im Wohnraum für

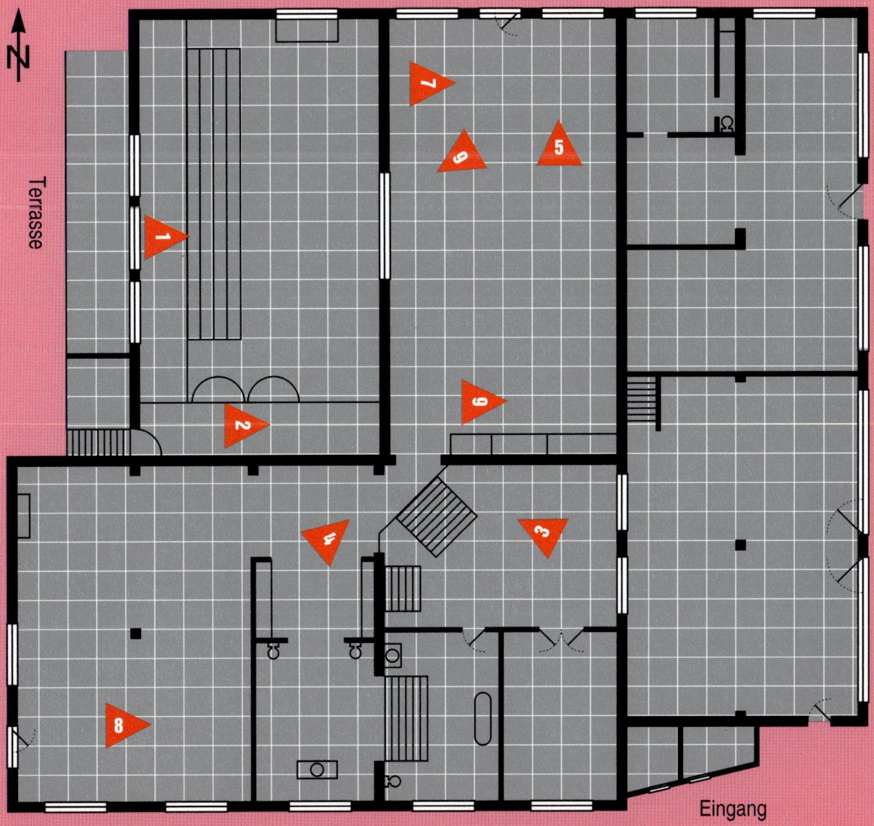

den Winter durch Einwachsen einen Karamelton angenommen hat. Im Sommersalon wurden die Backsteinwände zu einem Drittel der Wandhöhe verputzt und dann ultramarinblau gestrichen. Der Betonboden wurde mit lackierten Holzdielen ausgelegt, die mit regelmäßig unterbrochenen roten und weißen Linien bemalt sind, wie man es von Straßenmarkierungen her kennt.

Kathleen Van Zandweghe hat mit ihren Lösungen bewiesen, daß es möglich ist, malerische Effekte, Möblierung und Farben bei einem Industrieumbau zu verwenden, ohne ihm allzuviel von seinem ursprünglichen Charakter zu nehmen. Um eine Tür im ›winterlichen‹ Wohnraum zu kaschieren, malte sie mit Hilfe eines Abdeckklebebands einen diagonalen Streifen quer darüber. Anschließend verwischte sie die so entstandenen scharfen Farbkanten wieder leicht. Im Bad beschränkte sie sich auf ein einfarbiges Schema und die unterschiedlichsten Schattierungen ein und desselben Farbklangs. Die untere Zone des Bads besteht aus rohem Beton, eine Wand darüber zeigt ein Spiel aus perspektivisch gemalten, flächigen, weißen, grauen und schwarzen Bereichen. Der industrielle Ursprung des Gebäudes hat die Gestalter hier teilweise zu sehr direkten, manchmal vielleicht verwegenen Vorgehensweisen bei der Umgestaltung inspiriert; und das Paar gibt unumwunden zu: »Farbe ist einfach unser Markenzeichen.«

1

Alte Gebäude, die teilweise in schlechtem Zustand sind, in Wohnungen umzuwandeln, die heutigen Anforderungen genügen, ist mit konventionellen Mitteln selten zu bewältigen und erfordert gleichermaßen Mut wie kreative Ideen. Wer sich in einer Flaschenabfüllanlage oder in einer Eisfabrik eine Wohnung einrichtet, hat mit Sicherheit keine Probleme mit einem Überangebot an Platz und Tageslicht. Fugenlose Wände, sandgestrahlte Backsteine, freiliegende Rohrleitungen, Betondecken und vernietete Eisenkonstruktionen dürfen ihn nicht abschrecken. Was einst Künstler in New York und Paris auf der Suche nach Arbeitsräumen für ihre überdimensionalen Leinwände begannen, ist heute überall zu einer Mode geworden, da man zusammen mit einer leeres Gehäuse auch etwas von einem neuen Lebensstil erwirbt.

Ralph Ardill, der Direktor der *Imagination Gallery* in London, warnt allerdings, nachdem er beim Umbau seines Lofts eine Erfahrung gemacht hat, die ihn mehr Zeit und Geld gekostet hat als erwartet: »Wenn Sie es tun, weil es modern ist, sollten Sie sich die Arbeit nicht machen – kaufen Sie sich lieber einen Porsche.«

Das Festlegen der Bereiche zum Schlafen und Wohnen, Essen und Kochen, zum Arbeiten, für Bäder oder um Besuch zu empfangen mag eine unlösbare Aufgabe sein, wenn man keinen Platz hat – wenn die Räume sehr groß sind, kann es entmutigend sein. Der Umbau eines zweigeschossigen Lofts mit einer Fläche, die etwa der eines Hauses mit drei Schlafzimmern entspricht, ist an sich schon ein kühnes Unterfangen. In einem so offen angelegten Heim kann man Fußball spielen, Rad schlagen oder Fahrrad fahren, aber das Mobiliar scheint ohne Trennwände in einem Meer von Raum zu treiben.

1 Zusätzliche Wände und eine abgehängte Decke verleihen dieser hohen umgebauten Kirche einen wohngerechten Maßstab.

2 Edelstahlgeräte in einer umgebauten Scheune betonen ihre moderne Funktion, ohne den Stil des Gebäudes zu beeinträchtigen.

Gewöhnlich ist schon die Verteilung des natürlichen Lichts in einem Raum ausschlaggebend für die Lage jener Bereiche, in denen man die meiste Zeit verbringt, wohingegen Bad und Schlafbereiche eher in den dunkleren Teilen eingerichtet werden. Wer beim Essen auf eine Aussicht verzichten kann, sollte den Tisch im Zentrum des Raums oder an einer fensterlosen Wand aufstellen. Die Möblierung unterstützt die jeweilige Funktion des Bereichs: ausladende Sofas werden um den Fernseher herum aufgestellt; Rückwände von Schränken grenzen die Schlafbereiche ab; frei stehende Kücheneinrichtungen dienen als Trennwände; eine Glasbausteinwand umschließt eine Naßzelle oder bietet Sichtschutz für unansehnliche Brandschutztüren.

Flexibilität ist wichtig. Wer gleich Wände einzieht, um drei Schlafzimmer und zwei Bäder abzuteilen, wo er eine Küche von der dreifachen Größe jedes beliebigen Wohnzimmers haben könnte, dem bleibt das eigentliche Flair eines Lofts verborgen. Jeder Bereich kann so aufwendig oder so einfach gestaltet werden, wie es der persönliche Lebensstil vorgibt: Eine Küche kann die Ausstattung eines professionellen Kochs aufweisen oder nur eine Ecke mit einer Espressomaschine und einer Mikrowelle sein. Beim Umgestalten eines Industriegebäudes können die Lebensgewohnheiten der Bewohner den Lebens-Raum bestimmen.

4 Eingangssituationen

Anstelle einer Sisalmatte mit der Aufschrift ›Willkommen‹ wird der Besucher einer burgartigen Fabrik nach dem Umbau vermutlich eher von einem bellenden Mikrochip in der Sprechanlage begrüßt werden. Wenn das computerisierte moderne Gebäude in Philip Kerrs Thriller *Game over* Wirklichkeit würde, empfinge einen sicher bald in jedem Foyer ein Videohologramm mit der Stimme von Alec Guinness.

Fabriken brauchen große Eingänge, um die Flut der Beschäftigten zu bewältigen. Daher sind die Empfangshallen oder Foyers in diesen Gebäuden in der Regel sehr geräumig. Im Zentrum meldete man sich an, die Angestellten und Arbeiter gingen an die Stechuhren, und hier waren die Aufzüge untergebracht, die sie in die jeweiligen Etagen brachten. Lagerhäuser dagegen beherbergten mehr Waren als Menschen und bieten daher auch wenig Licht und Luft, sie benötigten selten einen separaten Eingangsbereich, aber Ladebuchten für die Anlieferung. Überdimensionale, auffällige industrielle Einrichtungen wie Lastenaufzüge, Rohre und Schächte, Sprinkleranlagen, Rippenheizkörper und Notausgänge spiegeln die frühere Funktion des Gebäudes wider und sind normalerweise in den Gemeinschaftsbereichen anzutreffen. Die Frage ist, ob man sie ersetzt, verbirgt oder hervorhebt. Im Erdgeschoßeingang einer Fabrik in Melbourne aus dem späten 19. Jahrhundert behielt Peter Elliott bewußt die abbröckelnde Putz- und Lattendecke, die sandgestrahlten Backsteinwände und die metallgerahmten Fabriktüren bei. Ausgetretene Kiefernholzstufen führen in den Vorraum zum ersten Stock, der von einem zweiflügeligen viktorianischen Fenster erhellt wird, das in einen Lichthof aus alten Backsteinwänden gerichtet ist.

1 In dieser New Yorker Dachwohnung schirmt eine große, schwenkbare Fabrikstahltür auf Rollen, die in einer halbkreisförmigen Führung laufen, die offen angelegte Küche ab. Daneben ist in einer hellen Holztrennwand die Bibliothek untergebracht.

In diesem Vorraum wurden die baulich notwendigen Armierungsstangen der Decke beibehalten – ohne sie würde das Gebäude zusammenfallen. Gäste werden mit einem direkten Verweis auf die industrielle Herkunft des Gebäudes und einem großen Entrée begrüßt. Bei einem weiteren Umbau in Melbourne, einer Backsteinlagerhalle von 1940, im Besitz von Wayne Cross und Chris Malden, wurde unter der Leitung von Architekt Ken Charles der Ladeplatz zu einem großräumigen Eingangsatrium unter einem Glasdach umgestaltet.

Die britischen Brandschutzvorschriften besagen, daß der Kochbereich vom Eingangsbereich durch eine Tür getrennt sein muß. Anstatt die Eingangstür in einem umgebauten Fernsprechamt einfach mit Doppeltüren (eine neue Eingangstür, dann ein Zwischenraum und eine weitere Tür) zu versehen, umbauten Jenny Armit und die Architektin Mya Myanides die Eingangstür mit einer vom Boden bis zur Decke reichenden Trennwand samt Tür in ihrer Mitte.

Im Gegensatz zu Fabriken haben landwirtschaftliche Gebäude niemals einen formellen Eingang gehabt. Der Traktor oder die Herde wurden einfach hineingefahren beziehungsweise -getrieben. Die Kiefernholzscheune in Neu-England aus dem 18. Jahrhundert, die ein amerikanisches Paar zerlegte und in den Santa-Ynez-Weinbergen in Kalifornien wieder aufstellte, besaß eine große Halle ohne Trennwände. So wurde die Eingangshalle ein Teil des gesamten Wohnraums. In die Haustür wurde ein für Pennsylvania typisches Giebeldreieck eingelassen.

William Leddy schuf 1990 mit seiner Adaptation eines amerikanischen Silos für eine Steinscheune in Pennsylvania einen separaten Eingang und ein Bad für das obere Schlafzimmer. Obwohl der Architekt hier einen Eingang schaffen mußte, wo keiner war, bewahrte er den Charakter des Gebäudes mit einer kreativen Lösung, indem er ein zylindrisches Silo aus galvanisiertem Stahl an eine Scheune anbaute, in der es kein Vieh mehr gab. Um ein landwirtschaftliches Gebäude bewohnbar zu machen und den neuen Bewohnern einen funktionelleren Raum zu geben, verwandte Leddy Stahlpfeiler und -träger, die das Gewicht tragen sollten, was die alten Steinwände nicht mehr konnten.

2 In diesem Umbau im Osten Londons rahmen Pflanzen und Kübel auf der alten Feuertreppe dekorativ den Eingang, der zu den originalen Brandschutztüren führt.

3 Brandschutzvorschriften erschweren häufig die Planung des Eingangsbereichs. Aus dieser Brandschutztür in einem New Yorker Apartment, die die Eingangstür vom offenen Wohnbereich abtrennt, wurde ein Schmuckstück, nachdem sie mit Metallplatten dekorativ verkleidet wurde.

Entspannen

Um 1900 entwickelte der Möbeldesigner Gustav Stickley seine Vorstellung des Idealhauses als Ort mit ausreichend freiem Platz, ohne unnötige Trennwände, mit einem großen Wohnraum, in den man direkt von der Eingangstür gelangt, als amerikanische Antwort auf William Morris und das Arts and Crafts Movement. Ungewöhnlich für einen Möbelbauer: er bevorzugte den Raum ohne viel Mobiliar. Ein Jahrhundert später hätte er sein Ideal sicher in einem Loft gefunden. Bei deren Umwidmung zu Wohnungen wird die größte Fläche in der Regel dem Wohnraum zugewiesen, wobei andere Räume aufgrund rationaler Überlegungen auf die kleinstmögliche Größe ohne Verlust an Komfort beschränkt werden. Doch selbst die besten Designer und Architekten haben bisweilen Schwierigkeiten mit den Wohnräumen. Während Bäder und Küchen klar umrissene Funktionen haben, hat ›Wohnen‹ für verschiedene Leute unterschiedliche Bedeutungen. Behaglichkeit ist jedoch der gemeinsame Nenner, wobei auch das Sehen und Hören sowie Wärme und Licht zu berücksichtigen sind.

1 Der Flügel und die Musikanlage kennzeichnen die Zone der Entspannung in einem umgebauten Kraftwerk in Texas. Der Architekt Gary Cunningham montierte schallabsorbierende Platten aus Glasfasermaterial an den nackten Backsteinwänden, um die Akustik zu verbessern. Ein einzelner Sessel mit Fußbank von Charles Eames nimmt den optimalen Platz zum genußvollen Hören ein.

1 Unter den verstärkten Stahlträgern und vor der raumhohen Glaswand sorgt Farbe für eine freundliche Atmosphäre beim Kochen und Entspannen. Die Trennwand wurde nach unten abgestuft und hebt sich durch die gelbe Verkleidung der Küchenzeile hervor. Die beiden sich gegenüberstehenden Sofas bilden davor einen kräftigen Farbakzent.

2 Ein avantgardistisches Musikgerät, gerahmt von zwei blauen Lautsprechern, ist an einer Backsteinwand angebracht, um die Anlage zum Blickfang zu machen.

3 Manchmal müssen die Video- und Audiosysteme verborgen werden. Die Besitzer dieses Apartments ließen sich eigens ein System in Modulbauweise anfertigen, bei dem sie CD-Spieler, Fernseher und andere Geräte hinter den Türen einer Schrankwand verbergen können. Der frei stehende Lautsprecher wird dagegen zum skulpturalen Objekt.

Da die meisten Menschen den größten Teil ihrer Zeit zu Hause im Wohnzimmer verbringen, ist dies ein Raum, der der größten Vielfalt an Funktionen Rechnung tragen muß: Entspannen, Musikhören oder Fernsehen, Unterhaltung mit und ohne Gäste. Ob man es nun vorzieht, mehrere Sitzgruppen oder eine große aufzustellen, Grundlage ist ein gutgeschnittener Wohnraum.

Als erstes sollte man seinen Wohnraum in Zonen für bestimmte Funktionen einteilen. Die in der Inneneinrichtung traditionsgebundene Fixierung auf den offenen Kamin ist nicht mehr aktuell, seit es Fußbodenheizung oder Heizkörper unter den Fenstern gibt. Frei von diesen Einschränkungen, sollte man das Tageslicht die Anordnung der Sitzgruppen im Wohnzimmer bestimmen lassen. Selbst wenn das Apartment erst ab abends bewohnt wird, will man sich dort am Wochenende entspannen und sollte Sofas und Sessel so plazieren, daß man das Tageslicht und den Ausblick optimal ausnutzt. Auch der Blick auf die Stadt bei Nacht kann sehr reizvoll sein. Der Modefabrikant Graig Port zieht nie die Vorhänge vor die Fenster seines Apartments im zweigeschossigen Lagerhaus in Kapstadt, weil sie den Blick auf die Tafelberge freigeben.

Im Wohnbereich sollte zumindest eine Außenwand für Regale vorgesehen werden, in denen Bücher, CDs und Videos untergebracht werden können. Anderenfalls ist es möglich, den Wohnbereich zentral mit frei stehenden Türmen anzulegen. Fernseh- und Videogeräte können in Regale auf Rollen gestellt werden, so daß man sie dorthin fahren kann, wo man sie benötigt.

Sobald man entschieden hat, wo der Hauptbereich angelegt wird, bedeutet ›Abtrennen‹ nicht unbedingt, Wände vom Boden bis zur Decke einzuziehen. Eingebautes oder frei in Raum stehendes Mobiliar kann Grenzen abstecken, unregelmäßig geformte, zweidrittel raumhohe Trennwände können einen Bereich abgrenzen, faltbare Wandschirme aus Stoff, Holz oder Papier dienen ebenfalls als Raumteiler. Befindet sich der Wohnbereich in der Höhe einer Fensterwand, so kann man das einfallende Tageslicht mit Vorhängen oder Schlagläden regulieren.

Der Licht-Designer André Tammes setzt Licht gezielt ein, um die unterschiedlichen Bereiche seines Hauses in einem umgebauten Kornspeicher voneinander abzugrenzen. Er hat ein zentral gesteuertes Beleuchtungssystem konzipiert, das Lichtzellen bildet, um separate Bereiche hervorzuheben.

Künstliches Licht sollte, der Stimmung entsprechend, über einen Dimmer gesteuert werden können: strahlend hell oder eher intimer. Das von Scheinwerfern der Decke herabfallende Licht sollte von Lichtquellen mit speziellen Aufgaben in Augenhöhe ergänzt werden. Man braucht einige Tische für Lampen, um Licht in der erforderlichen Höhe zur Verfügung zu haben und Telefone, Zeitungen, Bücher und andere Dinge abzulegen. Gut arrangierte Tischflächen (der Innenarchitekt David Hicks nennt sie ›Tischlandschaften‹) können zu dekorativen Elementen werden.

Auch mit einer anders gestalteten Wandoberfläche oder einem unterschiedlichen Bodenbelag kann man eine neue Funktion des jeweiligen Bereichs anzeigen. Mit drapierten Stoffbahnen in leuchtenden Farben können große Flächen unterbrochen und einzelne Funktionsbereiche markiert werden. Daß auf gleiche Art und Weise der Fußboden gestaltet werden kann, zeigt der Designer Willie Nickerson, indem er Teppiche einsetzt, um kleine Oasen mit Sofas und Tischen in Beziehung zu bringen, die in einem ehemaligen Klassenzimmer verstreut angeordnet waren. So schafft man Sitzbereiche, ohne das allgemeine Raumgefühl zu stören. Indische Teppiche und Kelims in kräftigen Farbtönen von

1 Ein alter Traktorschuppen in Kempsey (Australien) mit Wänden und Fußböden aus Eukalyptusholz wurde von dem Architekten Glenn Murcutt umgestaltet. Die Schlichtheit des Raums wurde bei den Kücheneinheiten beibehalten. Den höheren Ansprüchen trugen dagegen die modernen Ledermöbel Rechnung, ein ›Pamio‹-Stuhl aus gebogenem Sperrholz von Alvar Aalto und die Eßzimmerstühle von Arne Jacobsen.

2 Der in Liverpool ansässige englische Architekt Urban Splash hat dieses alte Smithfield Lagerhaus in London umgebaut. Durch einen Wandschirm von zwei Dritteln der Raumhöhe wird die Gesamthöhe das Raums subjektiv auf ein Normalmaß reduziert.

3 Die Besitzer dieses New Yorker Apartments haben in ungewohnter Weise Arts-and-Crafts-Bänke und -Stühle mit einem modernen Eßtisch und Stühlen kombiniert. Ein Flügel trennt den Wohn- vom Eßbereich und bildet einen Übergang von alt nach neu.

Kapuzinerkresse, Violett, Himbeere und Bristol-Blau teilen den Wohnbereich im Erdgeschoß sauber in vier Konversationsgruppen ein.

Ist man frei von Einschränkungen durch Trennwände, stehen einem

1

2

3

4

unkonventionelle Möbelanordnungen offen. Das Arrangieren von Möbeln in der Raummitte ist die Antwort unserer Zeit auf den alten Salon des 19. Jahrhunderts, als die Stühle an den Wänden standen und eine tanzflächengroße Mitte frei blieb. Wichtig ist die Größenordnung. Kleine Möbelstücke wirken oft verloren, während große unbehaglich exponiert erscheinen, und ein Zuviel an Möbeln kann zu einem Raum führen, der all die unschönen Merkmale einer Flughafen-Lounge aufweist. Dennoch können auch die zweckmäßigen Raumteiler, die ursprünglich zur Möblierung von Hotelfoyers und Flughafen-Lounges eingesetzt wurden, zu vielfältigen Konfigurationen zusammengestellt werden. Sie bilden massive Farbblöcke, und ihre Maße sind großen Räumen angepaßt.

Der Behaglichkeit einen hohen Stellenwert einzuräumen – und auch die Möglichkeit einer guten Akustik gehört dazu – muß nicht bedeuten, daß man den Wert des Raumgefühls mindert. Mit Schellack überzogene

1 Diese pennsylvanische Offenscheune zeigt freigelegte Stahlträger an der Decke und ein Treppenhaus, das das geometrische Design der maßgefertigten Möbel wiedergibt.

2 Inspiriert von den massiven Säulen des Gebäudes, wurde der Raum mit bequemen, großzügigen Ledermöbeln und dem runden Kaffeetisch mit Säulensockel in der Mitte eingerichtet.

3 Sitzelemente mit Bezügen zum Wechseln und großen Kissen schaffen einen gemütlichen Ort, von dem aus man durch die Fenster blickt.

4 Der Wohnraum unter diesem Zwischengeschoß wird von einem Kronleuchter des Licht-Designers André Tammes erhellt.

Glasfaserplatten, glattpoliert und in Farben, die zu den Möbeln passen, verbessern die Akustik, indem sie den unangenehmen Nachhall dämpfen. Beim Umbau eines viktorianischen Teelagerhauses an der Themse in London empfand der Architekt Tony Goddard die weißverputzten Wände und Holzböden als zu hart, weshalb er alle neuen Wände mit Filz bespannte, »um sie behaglich zu machen«. So wie Muster und Farben von Sofas, Vorhängen und Polsterstühlen optische Veränderungen bewirken, so tragen sie dazu bei, die Akustik zu verbessern. Man sollte daher die Anschlüsse und Möblierung in dem für Radio und CD-Stapel-Systeme vorgesehenen Bereich sorgfältig planen.

1 Die harten Materialien der freiliegenden Backsteine auf der einen und Keramikfliesen auf der anderen Wand umgeben einen Wohnbereich, der mit traditionellen Möbeln ausgestattet ist: Sessel und Sofa mit auswechselbaren Bezügen sowie ein gewebter Teppich.

2 Der Künstler Robert Indiana sucht Möbel vieler unterschiedlicher Epochen und Stilrichtungen mit graphischer Wirkung (einschließlich seiner eigenen) und Teppiche in vielfältigen Mustern und Farben zusammen.

3 Diese Offenscheune aus dem 18. Jahrhundert in Hampton (Virginia) wurde von Gwathmey Siegel aus New York möbliert. Er kombinierte folkloristische Stühle aus dem Anfang des 20. Jahrhunderts mit modernen, weichgepolsterten Dreisitzersofas und Tischen mit Keramikoberfläche, um die Geometrie der vorhandenen Struktur aufzunehmen. Ein hoher, rustikaler Schrank fängt den Blick auf und führt ihn nach oben auf ein Paar geschnitzte, hölzerne Lockenten.

3

Das Teelager in London

Lichtspiele an der Themse

Oliver's Wharf ist ein geschütztes Londoner Wahrzeichen an der Themse, das zum Besichtigungsprogramm für Touristen gehört, die mit einem Rundfahrtschiff den Fluß befahren. Das ansehnliche Teelagerhaus unmittelbar am Wasser wurde 1870 von der Familie Oliver erbaut. Hundert Jahre später wurden hier die ersten Lofts in London umgebaut. Die unkonventionelle und risikobereite Einstellung dieser Wegbereiter ist noch an den Hängematten, Kräuterkisten und Windglockenspielen am Fenster erkennbar. Heute, gegen Ende des Jahrhunderts, wirken jedoch einige der Umbaumaßnahmen überholt. Den beiden jungen, in England ansässigen Architekten Jonathan McDowell und Renato Benedetti ist dagegen im Dachapartment eines Emailleurs, ein sehenswerter Umbau gelungen.

Als Renato Benedetti das Apartment zum ersten Mal sah, war es unbewohnt und von seinem Vorbesitzer, Lord Palumbo, vollkommen entkernt worden. Was übriggeblieben war, das Holzskelett und das freiliegende Mauerwerk, war eher rustikal als städtisch: »Wie eine große baufällige Scheune auf dem Land«, erinnert sich Renato Benedetti. Der neue Besitzer wollte einen offen angelegten Wohnraum (3) mit Blick auf den Fluß, viel Tageslicht und den Lichtreflexen durch das Wasser.

2

McDowell und Benedetti begannen mit der Planung der Renovierung des 232 m² großen und zwei Stock hohen Raums. Sie setzten gußeiserne Säulen zur Unterstützung der Eichenbalken unter dem Satteldach (3, 4) ein. Außerdem beschlossen sie, die Nutzfläche auf 370 m² zu erhöhen, indem sie eine neue obere Ebene und Dachterrassen hinzufügten. Die Höhe des Raums wurde zum Einziehen eines Zwischengeschosses genutzt. Als erstes fielen umfangreiche Reparaturarbeiten an. Die Architekten waren erstaunt, keine Brandschutzvorkehrungen zwischen den Apartments vorzufinden. Die Baugenehmigung für ein Gewächshaus auf dem Dach lag bereits vor, aber dem bescheideneren Ausbau, den sie statt dessen vorschlugen, wurde von den Denkmalschützern des *English Heritage* und der *London Docklands Development Corporation* dankbar zugestimmt.

Am Flußufer gibt es das Problem nicht, daß man von den Nachbarhäusern einsehbar ist, und mit einer unverbaubaren Aussicht auf den Fluß und die Tower Bridge sind die Sonnenuntergänge ein spektakuläres Erlebnis. Auf der Zwischenebene wurde ein neues Schlafzimmer eingerichtet mit einem vollständig verglasten Duschraum, der sich bis auf das Dach hinaus erstreckt, von wo aus man einen Panoramablick auf London hat. Jetzt, wo das Projekt abgeschlossen ist, sind sich alle einig, daß eine der herausragenden Besonderheiten die Spiegelungen des Flusses sind, die selbst noch im fünften Stock ihr Spiel an der Decke treiben, was durch die geschickte Manipulation des Lichts durch die drei offenen Ebenen im Innern gelang.

Freigelegt bis auf die nackte Backsteinhülle und die Holzbalken, offenbarte das Apartment gute Proportionen. Die Haupttrennwand in der Mitte des offenen Raums ist eine 20 cm dicke Kalksteinmauer, die dessen gesamte Höhe einnimmt. Der feinkörnige, helle Stein verklammert optisch den lichten Raum. Oben sind Kleiderschränke und auf der Küchenebene unten Vorrats- und Geschirrschränke gegen diese Wand gestellt. Ein Gästezimmer, das sich auch als Arbeitszimmer nutzen läßt, und zwei Bäder befinden sich hinter einer weißverputzten Wand mit einer Tür, die normalerweise offensteht, um die Bewegungsfreiheit im ganzen Raum nicht einzuschränken.

»Modernes entschieden eingesetzt, verwandelt die alte Hülle.«

Renato Benedetti

3

Das neue Schlafzimmer mit Bad auf der Zwischenebene sowie die Terrassen und Dacherweiterungen wurden sorgfältig in das Gebäude integriert. Die Wände strahlen im warmen Glanz der freigelegten Backsteine. Neue Oberflächen wurden kontrastierend zu den vorhandenen ausgewählt: Kalkstein für die raumhohe Trennwand und sandgestrahlter Stahl für den neuen zwei Stock hohen Kamin, dessen verschweißte Platten nicht nur das Gasfeuer, sondern auch Bücherregale, eine Sitzbank und oben ein Waschbecken für den Arbeitsraum enthalten. Der Kamin verbirgt auch eine geheime Stahltreppe zum Arbeitszimmer und trägt den massiven Eichenboden des Arbeitsraums. Überall im Apartment sind emaillierte stählerne Wandschirme, Paravents, in kräftigen Farben sowie Schranktüren von Vera Ronnen und dem Besitzer an ausgesuchten Stellen zu finden, wo sie das natürliche Licht reflektieren. Breite Dielen aus englischer Eiche, unter denen die Fußbodenheizung und eine Trittschallisolierung liegen, ergänzen diese Materialien.

Die Originalstahlfenster wurden durch doppelverglaste Einheiten mit Eichenrahmen in den alten Formen ersetzt (6). Die neuen Öffnungen für die Schlafzimmerterrasse und der verglaste Anbau auf dem Dach wurden in Stahl gerahmt, um sie vom Originalgebäude abzuheben. Die Wandfenster und Oberlichter, verglasten Abschnitte und internen Glaswände sind so konzipiert, daß sie das in den Kern des Apartments einflutende Licht über drei Ebenen bewahren. Tagsüber ist der ganze Raum von einem leuchtenden, wäßrigen Licht durchflutet. Verstecktes elektrisches Licht entlang der Oberlichter gewährleistet, daß nachts das Licht aus der gleichen Richtung kommt. Selbst die Treppe ist so angelegt, daß sie Licht nach unten durchläßt. Sie ist aus gefalteten sandgestrahlten Stahlplatten gefertigt und führt um einen zentralen Schirm aus lichtdurchlässigen gegossenen Glasplatten (1), die tagsüber von einem Oberlicht und nachts von versteckten Scheinwerfern im Boden beleuchtet werden.

Für diese beleuchtete Zone eignet sich Glas am besten. Eine speziell gegossene Glasmischung, die von Jeff Bell nach Angaben des Architektenduos hergestellt wurde, ist in die Oberlichter (2, 4) eingesetzt, damit das Apartment von Licht durchflutet wird. »Das grüne, strukturierte Glas mit den eingeschlossenen Blasen sieht wie schmelzendes Eis aus«, sagte Renato Benedetti. Sogar das Waschbecken in der Mitte des Hauptschlafzimmers besteht aus einer gegossenen Glasschüssel auf einem polierten Aluminiumfuß.

6

Durch das eigens für dieses Objekt entworfene Design ist ein äußerst individuelles Apartment in einem vorhandenen komplexen Kontext entstanden. Die Architekten haben innovative bauliche Lösungen erarbeitet, um neue architektonische Elemente einzuführen und Panoramablicke auf London zu ermöglichen. Speziell entworfene Glassitze entlang der Dachterrassen lassen möglichst viel natürliches Licht ins Innere dringen. Ungewöhnliche Materialien wie massive Kalksteinblöcke, sandgestrahlter Rohstahl, Japanlack, massive Eiche, Edelstahl und speziell gegossenes Glas sind sorgfältig als Kontrast zur vorhandenen Substanz ausgewählt worden.

7

4 Kochen & Essen

Bevor man die Art der Kücheneinrichtungen und -geräte auswählt, sollte man die Lage der Küche festlegen, da Fehler selbst in dieser frühen Phase nicht ohne finanziellen Aufwand zu beheben sind. Einrichtungen in der Nähe der vorhandenen Gas- und Stromanschlüsse oder des Öltanks bei Objekten auf dem Land sind am einfachsten und kostengünstigsten. Heiß- und Kaltwasseranschlüsse sowie die Abwasseranschlüsse für Waschbecken, Badewanne, Dusche, Toilette, Spül- und Waschmaschine bestimmen die Lage all dieser Installationen. Ein Waschbecken beispielsweise sollte nicht mehr als 5 m vom Wasserabfluß entfernt liegen. Einige Lofts sind ausreichend mit diesen Installationen ausgestattet, andere dagegen müssen erst verlegt oder verändert werden.

Wenn die Gas-, Wasser- und Stromanschlüsse nicht dort sind, wo die Küche eingerichtet werden soll, muß nach alternativen Möglichkeiten gesucht werden, neue Rohre und Stromleitungen zu verlegen, die normalerweise in der Wand oder im Boden geführt werden. Die Kabel für eine Beleuchtung der Küche und des Eßbereichs von oben, die beim Zubereiten ebenso vorteilhaft ist wie beim Essen, müssen ebenfalls früh installiert werden.

Die Umgestaltung seines 121 m² großen Apartments in einem ehemaligen Versicherungsgebäude mit massiven Betonböden, Wänden und

1

Decken gestaltete sich für den Architekten Barrie Legg schwierig, da er die Versorgungs- und Entsorgungsanschlüsse nicht dort plazieren konnte, wo er sie haben wollte. Deshalb verlegte er die Kabel und Rohre für Gas, Strom und Fernsehen in einem falschen Deckenträger, den er wie schon vorhandene gestaltete. Er stellte quasi das Projekt auf den Kopf, indem er von den Trägern an der Decke aus arbeitete, anstatt die Versorgungsanschlüsse in den Boden zu integrieren.

Der Architekt Michael Rubins verlieh seiner Wohnung in einer ehemaligen Druckerei in Manhattan für die vierköpfige Familie einen besonderen Reiz, indem er die Küche im Zentrum plazierte. »Für die Kinder auf ihren Fahrrädern und Rollschuhen ist die Wohnung wie eine große Piazza«, sagt er. Da es Fenster auf drei Seiten gab, war natürliches Licht kein Problem, und Rubins behauptet, daß, sobald sie sich für den zentralen Küchenstandort entschieden hatten, alles andere sich einfach einfügte. Um das Bild der Piazza zu intensivieren, legte er einen Bodenbelag aus rosafarbenem Marmor in die Küche und in den Eßbereich.

Die Frage der Lüftung ist eine weitere wichtige Erwägung beim Planen der Küche. Bei den meisten umgebauten Lofts nimmt die Abzugshaube den Platz des traditionellen Kaminabzugs ein. Glücklicherweise verfügen die meisten ehemaligen Industriegebäude über ausgedehnte

1 Bei dieser Umwandlung eines Industrieobjekts in Princeton (New Jersey) läßt nichts auf seinen Ursprung als Backsteinfabrik schließen. Ladeneinrichtungen in Stahl, Schieferplatten und Großküchengeräte in Edelstahl wurden verwendet, um einen Küchenarbeitsplatz zu schaffen, der eher einem Labor als einer herkömmlichen Küche ähnelt.

2 Der Designer Ross Lovegrove entwarf und formte seine Küchenspüle aus Kohlefaser. Sie hat flache Rippen, damit das Wasser in die beiden Waschbecken ablaufen kann, die auf verschiedenen Höhen liegen.

3 Der biegsame Abzugsschlauch aus Aluminium über einem frei stehenden zentralen Herd zieht in diesem New Yorker Loft ebensoviel Aufmerksamkeit wie Dunst auf sich.

4 In dieser sonst offen angelegten Wohnung in einem ehemaligen Kraftwerk in Texas trennte Gary Cunningham den Küchenbereich mit einer lichtdurchlässigen Wand ab.

Rohrsysteme unter den hohen Decken, so daß Abzugshauben den Dunst und die Kochgerüche nach draußen ableiten können.

Unabhängig davon, ob man die Küche selbst bauen will oder Einbauteile installieren läßt, man sollte davon eine einfache Skizze anfertigen, in der Form, Breite, Tiefe und Höhe der beabsichtigten Standorte angegeben sind. Fenster und Türen müssen maßstabsgerecht und in ihrer richtigen Position eingezeichnet werden. Gas- und Wasserrohre, Steckdosen und Dunstabzugsanschluß sind ebenfalls darzustellen, um die eventuell nötigen Vorarbeiten planen zu können. Die Standardmaße für handelsübliche Küchenelemente sind in der Regel

2

1 Die Architekten Peter Forbes & Partner verwenden rechteckige und gebogene Flächen, um den Koch- und Eßbereich innerhalb dieses Lofts in Rhode Island abzutrennen.

2 Eine hohe, mit großen grauen Keramikfliesen verkleidete Frühstücksbar trennt den Kochbereich vom gläsernen Eßtisch mit Vinylstühlen aus den 50er Jahren ab und verbirgt so das eventuelle Durcheinander in der Küche.

3 Eine lange, maßgefertigte Edelstahlfläche mit eingelassenen Kochmulden bildet mit dem Eßbereich eine T-förmige Konfiguration, die von dem Tisch auf Rollen und den Stühlen von Arne Jacobsen gekrönt wird.

4 Eine Reihe von Ladenregalsystemen aus Edelstahl und Glas reicht vom Boden bis zur Decke und bildet eine durchsichtige Trennwand, die sowohl als Ablage wie auch zum Aufhängen von Küchenutensilien an Fleischerhaken dient.

3

4

Es gibt zwei Möglichkeiten, sich eine Küche einzurichten: zum einen die frei stehende Küche, in der man die verschiedensten neuen oder alten Gegenstände frei kombiniert, etwa einen Hackklotz für Fleisch, einen Speiseschrank mit Fliegengittertüren für trockene Lebensmittel seitlich eines Ofens, einen Kühlschrank, ein doppeltes Spülbecken sowie zusätzliche mobile Arbeitsflächen; oder, wo es sich größenmäßig anbietet, eine jener Einbauküchen, die in solcher Vielzahl von Modellen auf dem Markt sind.

nicht für Industrierohre und -abzugskanäle ausgelegt, und der Versuch, solche Teile und die überdimensionierten Industrievorrichtungen aufeinander abzustimmen, wird selten funktionieren. Daher ist eine maßstabgetreue Skizze unbedingt erforderlich. Darüber hinaus sind auch zusätzliche Aufbewahrungselemente, die eine Abwandlung der Einrichtung notwendig machen könnten, in Erwägung zu ziehen und aufzulisten, beispielsweise waagerechte Stahlstangen mit Fleischerhaken, Etagenkörbe aus Maschendraht für Gemüse, Abfalleimer, Gestelle für Topfdeckel, Ablagen für Küchenutensilien, Mischbatterien für runde oder quadratische Waschbecken, Weinregale und Vorratsgefäße. Erst dann sollte man die Schrankeinfassungen, Türplatten, Sockel oder Füße und Arbeitsflächen etc. kaufen, in denen all das untergebracht werden soll.

Herkömmliche Küchengeräte können in einem Loft recht verloren aussehen; aus diesem Grund werden häufig Großkücheneinrichtungen aus Edelstahl verwendet. Da heute der Kühlschrank die Speise- und Vorratskammer ersetzen muß, ist er das wichtigste Element im Küchenbereich. Mikrowelle, ein Großküchenherd, etwa ein legendärer Aga- oder Viking-Herd, sollten vorhanden sein. Das gleiche gilt für eine amerikanische Edelstahlküchenmaschine, den verchromten Toaster und eine italienische Espressomaschine. Als ein Modemagazin den amerikanischen Modedesigner Isaac Mizrahi in seinem Heim fotografierte, wurde ihm fast genausoviel Aufmerksamkeit zuteil wie seinem Viking-Herd aus Edelstahl. Mit diesen Öfen kann man in einer Minute ein Thunfischsteak grillen, aber sie erfordern einen leistungsstarken Dunst- und Rauchabzug.

1 Der Kontrast der Strukturen schafft ein interessantes Nebeneinander in dieser Küche: in Zement gesetzte Kieselsteine als Sockel für Arbeitsplatten mit Edelstahlfronten, Oberflächen und Spritzwände aus Stein und das ganze Ensemble unter einer weißverputzten Wand.

2 Trennwände bilden eine geometrische, L-förmige Küche im Zentrum dieses New Yorker Lofts, die von innen beleuchteten Seitenteile der Schränke greifen den japanisch anmutenden Stil der Schiebewände wieder auf.

3 Der Küchenbereich wird hier von einer einfachen, frei stehenden Schrankfront mit Ablageöffnung umschlossen, so daß das Durcheinander in der Küche bei Bedarf verdeckt werden kann.

3

2

Designertische aus Stahl können mit professionellen Edelstahlherden und Kühlschränken, die groß genug sind, Lebensmittel für ein Bankett aufzunehmen, kombiniert werden. Man kann sich aber auch für eine standardisierte Kiefernholzküche und ebensolche Geräte, Gewürz- und Weinregale und einen Mensatisch entscheiden. Es gibt Designerküchen, deren Fronten aus Glas mit Drahtgeflecht, aus Metall mit Patina, poliertem Stein oder von innen beleuchtetem Glas sind, das Ganze vielleicht ergänzt mit einer Frühstücksbar und langbeinigen Barcelona-Barhockern.

Unter den frei stehenden Modellen wurde auf der *Eurocucine*, der Mailänder Küchenmesse, eine Küche aus drei separaten Teilen vorgestellt: ein großer rechteckiger Tisch, unter dem ein Herd untergebracht ist und in dessen Arbeitsfläche Kochplatten eingelassen sind; dazu gehört eine große Dunstabzugshaube; eine Doppelspüle, die in einer zweiten passenden Arbeitsplatte eingelassen ist mit einer Reihe von Schubladen für Küchenutensilien, und eine riesige Speisekammer auf Rollen mit Falttüren. Frei stehende Küchencontainer auf Rollen erlauben maximale Mobilität und Variabilität.

Falls man standardisierte Küchenelemente kauft, kann man diese immer noch an die Gegebenheiten anpassen. Der Architekt Alf Munkenbeck nimmt Standard-Kiefernelemente und arbeitet sie in Edelstahlarbeitsflächen und -wände ein. Die Innenarchitektin Jenny Armit besprüht sie mit einer Metallfarbe und entwirft überdimensionale Griffe für die Türfronten. Ralph Ardill, der in einer umgebauten Uhrmacherfabrik wohnt, hat seine offene

Küche hinter farbigen Spanplatten eingerichtet. Julian Metcalfe kürzte sein Budget für die Möbel, um mehr Geld für seine maßgefertigte Küche an einem Ende eines früheren Klassenzimmers ausgeben zu können, wobei er Spanplatten mit poliertem Stahl verkleidete.

Der Architekt Brian Ma Siy und seine Frau Anke kochen gern und viel, daher haben sie ihre Küche um die Geräte, die sie benötigen, herum geplant. Zunächst legten sie den Standort der Küche im Zentrum ihrer umgebauten Schule in Süd-London fest. Sie haben einen Gasherd mit sechs Kochstellen gewählt, weil sie Kochen im Wok und auf einer gußeisernen Platte besonders schätzen, und einen einfachen Backofen, da sie ihn nicht häufig benutzen. Sie haben den größten Teller, den sie besaßen, gemessen und Regale gekauft, die diesen Maßen entsprachen. Es gibt keinen Eßzimmertisch im Raum, nur zwei Sitzbereiche und eine Edelstahlarbeitsfläche, wo sie gleichzeitig Essen zubereiten, essen und sich unterhalten.

Nicht jeder will zum professionellen Koch werden. Tyne O'Connell, die australische Schriftstellerin, gibt zu, daß ihre eigene Küche in einer umgebauten Rohrfabrik in London nicht geeignet ist, um darin wirklich zu kochen. Es gibt dort eine Spüle, eine Espresso-Maschine und eine Speisekammer, die in einem grauen Metall-Aktenschrank improvisiert wurde. Einige Eßzimmerstühle aus zweiter Hand und ein schmiedeeiserner Kronleuchter sind mit silberner Autofarbe besprüht, um sie dem industriellen Charakter des Gebäudes anzupassen. »Wir essen viel Sushi,« gibt O'Connell zu. »Es ist wie ein ewiges Picknick. Aber das ist es, was das Leben in der Stadt ausmacht.« Für einen verfeinerten Gaumen richtete der Architekt Mark Guard eine Teriyaki-Bar (für die spezielle japanische Zubereitungsmethode) in der Küche eines umgebauten Lofts ein, das oberhalb des immer gut besuchten, berühmten Restaurants *Mezzo* im Londoner Stadtteil Soho liegt.

Wenn die Küche ein Ort der Kreativität und des persönlichen Ausdrucks ist, dann ist der Eßbereich ein Ort der Geselligkeit. In umgebauten Lofts oder Scheunen wird der Eßbereich in den seltensten

1 Nahe King's Cross Station in London richtete die Innenarchitektin Jenny Armit eine Musterwohnung in einem Loft ein. Durch drei opake Fenster über der Spüle fällt ausreichend Licht in die Küche. In dem offen angelegten Wohn- und Eßraum befinden sich Ladeneinrichtungen und Ikea-Elemente gemeinsam unter einer einfachen Holzarbeitsplatte. Zwei Arbeitsplätze, einer mit einer Stahloberfläche und der andere in Holz, sind durch Rollen mobil.

2 In der Junggesellenküche des Grafikers Luigi Ferrario in der Lombardei wird die Kochplatte von je einer Arbeitsplatte in Schiefer oder Holz flankiert, von der eine auch als Eßplatz dient.

3 Eine laborartige Küche haben sich Bob Callender und Liz Ogilvie in einem umgebauten Kino in Schottland eingerichtet. Alles, was ein Koch benötigt, befindet sich auf einem Servierwagen in Reichweite.

3

Fällen abgetrennt und zwischen Wänden eingeschlossen, dennoch benötigen diese zum übrigen Raum hin offenen Eßbereiche eine gewisse Abgrenzung. Eine Frühstücksbar kann in einem Raum die Zonen für Kochen und Essen gleichermaßen trennen wie verbinden und erhält die Bewegungsfreiheit im offenen Wohnraum. Schienen, die mitten durch eine 279 m² große Verpackungsfabrik in New Concordia Wharf in London verliefen, wurden von dem Architekten Mark Guard entfernt, weil sein Kunde nicht wollte, daß der Eßbereich auf einen Standort begrenzt wurde. Dann wurden allerdings zwei Tische auf federgelagerten Rollen in Edelstahlschienen gesetzt. Der eine Tisch, mit einer Platte aus grünem Glas auf schlanken Stahlbeinen, dient zum Essen, der andere, mit einer praktischen Edelstahloberfläche, wird, beladen wie ein Lieferwaggon, zum Eßtisch gerollt.

Die Eßtische und Stühle gehören natürlich in die Nähe des Bereichs, wo das Essen zubereitet wird. Anders jedoch bei der Karrierefrau Laurence Kriegel, Mutter von fünf Kindern, die samt Familie in einer alten Schokoladenfabrik im New Yorker Stadtteil SoHo wohnt. Obwohl der Küchentisch im Herzen dieses geschäftigen Haushalts für Familienmahlzeiten verwendet wird, entschied sie sich, einen weiteren, kleineren Eßbereich für Freunde und Geschäftspartner, die mit ihr essen, einzurichten, und zwar im ehemaligen Wassertank auf dem Dach ihres angrenzenden Design Shops. Innerhalb des Industrieraums hat sie ihr Leben zwischen Arbeit und Familie aufgeteilt.

Der Tisch kann zu einem Designbekenntnis werden, wie dies in der ehemaligen Kfz-Werkstatt mit frei liegenden Backsteinmauern und Holzboden der Grafikerin Tessa Priestman der Fall ist. Sie hat ihre Tische mit Abdeckmaterial vom Bau bedeckt. Auf diesen faserigen, kalkweißen, wegwerfbaren und dennoch äußerst stabilen Tischdecken wird ein ›Platzset‹ umrissen, wenn Tessa ein Messer, eine Gabel und einen Löffel in schwarzer Tinte rasch hinskizziert, bevor sie den Tisch deckt. Diese spontane Geste trägt dazu bei, unter den eingeladenen Gästen ein Gefühl des Willkommenseins zu erzeugen.

4 Schlafen

In den Anfangsszenen des Films *Ghost* überlegt ein junges Paar, seinen modernen, aber staubigen Dachraum wieder herzurichten. Demi Moore schaut unter die Dachtraufe und schluckt: »Das muß etwa 2 bis 2,5 m hoch sein hier.« »Und achtzig Jahre Staub«, antwortet Patrick Swayze. »Wir können die Betten hier oben aufstellen, und dann haben wir viel Platz frei«, sagt Demi. »Platz wofür?« »Einfach Platz.«

›Einfach Platz‹ ist wahrscheinlich das luxuriöseste Konzept für ein Schlafzimmer, das wir uns vorstellen können. Heute wird dem Wohnzimmer der größte Platz eingeräumt, während das Schlafzimmer in den kleinsten Raum gequetscht wird. Schlafzimmer in modernen Häusern sind selten größer als 3 x 4 m. Stellt man ein Doppelbett, eine Kommode mit Schubladen und einen Kleiderschrank hinein, dann muß man sich schon woanders umziehen. Wenn man durch den Umbau eines industriellen oder landwirtschaftlichen Gebäudes die Gelegenheit erhält, auf einer Zwischenebene das ganze lebhafte Treiben des Wohnbereichs unter sich zu lassen, so ist das sicher eine lohnenswerte Baumaßnahme. Dann hat man einen Aussichtspunkt, von dem aus alles zu überblicken ist, und dennoch bleibt man für sich.

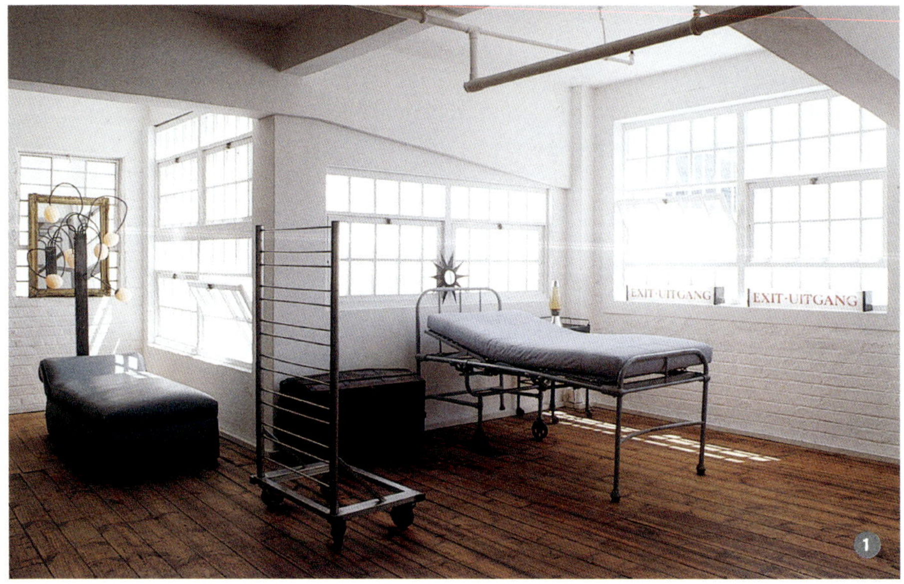

1 Aufgrund seiner Abneigung gegen Jalousien und Vorhänge wird das umgebaute Lagerhaus des Modefabrikanten Graig Port in Kapstadt von Licht durchflutet. Ein Krankenhausbett auf Rädern ermöglicht es seinen Gästen, das Bett vom Fenster wegzustellen, während Schlafmasken, wie sie bei Fluglinien ausgeteilt werden, das Morgengrauen ausschließen.

2 Die hoch angebrachten Fenster bei diesem Umbau in Toronto geben einen Hinweis auf die frühere Funktion des Gebäudes als Molkerei. Um das Innere kühl und dunkel zu halten, durften nur kleine Fenster in den oberen Wandbereich eingebaut werden. Unter Beibehaltung des Originalzustands haben die Architekten des *Third Uncle Design* das verfügbare Licht durch eine helle, monochrome Gestaltung bestens ausgenutzt. Der am Boden aufgestellte Spiegel nimmt die Form der Fenster wieder auf.

Privatsphäre und Licht sind zwei wichtige Kriterien, wenn man überlegt, wo man sein Bett aufstellen will – wichtiger noch, als Wände zu errichten und Stromanschlüsse für Lampen zu installieren. Privatsphäre kann ohne abgeschlossene Räume erzielt werden, wenn man das Bett aus dem Blickfeld auf eine Zwischenebene anhebt. Bei einem Schlafbereich auf gleicher Ebene mit dem Wohnbereich kann man Wandschirme verwenden, die so monumental wie eine Wand oder so dünn wie ein Vorhang sein können.

Zuviel Licht dort, wo man schlafen will, ist genauso ein Problem wie zu wenig dort, wo man arbeiten will. Der Modefabrikant Graig Port, der den Lichteinfall in seinem umgebauten, offen angelegten Lagerhaus in Kapstadt nicht eindämmen wollte, verteilt an seine Gäste, die über Nacht bleiben, Schlafmasken wie die Fluglinien. Der Innenausstatter Willie Nickerson fand für das gleiche Problem eine andere Lösung. Als er in seiner umgebauten viktorianischen Schule in London die nachträglich eingezogene Decke entfernte, um das verglaste Mansarddach freizulegen, mußte er sich etwas überlegen, um das Licht, das in den Schlafraum der oberen Etage

flutete, abzuschirmen, ohne elektronisch gesteuerte Jalousien anbringen zu müssen. Er entwarf ein Himmelbett auf einem 60 cm hohen Podest und brachte darüber einen Baldachin an, der mit 70 m tintenblauem und goldfarbenem Stoff verhängt wurde. Der Aufbau läßt einen 90 cm breiten Gang um das Bett herum frei – und es fällt kein Lichtschimmer hinein.

Die Fotografin Crena Watson rahmte das Kopfende ihres Bettes in einer ehemaligen Schule, indem sie eine Wand bis knapp unterhalb des Deckenträgers errichtete. Daran stößt die Wand des angrenzenden Bades mit einem Gitter aus beleuchteten Glasplatten, die wie Lichtkästen auf ihr Bett scheinen. Die Wände sind damit Schutz und Beleuchtungselement im einem.

Der Union Jack der Modeschöpferin Katie England stellt eher eine Übergangslösung dar: Er schirmt ihr Bett in dem 140 m² großen, offenen Raum ab, den sie in einem alten Postamt bewohnt. In einem alten Landwirtschaftsgebäude, das John Stefanidis in ein ländliches Refugium umgebaut hat, erhielt sein Schlafraum als Hintergrund gestreifte Vorhänge und Blenden aus naturfarbenem Leinen, die locker an den kleinen Fenstern angebracht sind, damit sie mit dem rustikalen Charme harmonieren. Der in London ansässige Möbeldesigner Daniel Reynolds, der in einem umgebauten Lagerhaus an der Themse wohnt, schuf neben den Fenstern einen Schlafbereich auf zwei Ebenen, indem er eine Hängematte an den

1 Privatsphäre und Dunkelheit sind für einen erholsamen Schlaf wesentlich; um in einem offenen Raum ein Bett abzuschirmen und den Lichteinfall zu mindern, bedarf es kreativer Lösungen. Dies kann durch Türen oder Trennwände, Fenster oder Bettvorhänge oder, wie hier, mit einem Raum im Raum erreicht werden.

2 3 Schlafbereiche können auf vielfältige Weise von der übrigen Wohnung abgesetzt werden: etwa durch eine erhöhte Ebene, eine andere Bodenoberfläche oder ein auffallendes Bett. Im Gegensatz zu dem theatralisch behängten Bett auf dem Podest, das mit seiner Draperie den Raum dominiert, ordnet sich das Bett auf der normalen Ebene dem Raum eher unter.

Dachsparren aufhing und seine Matratze auf den Holzfußboden legte. Die Wahl der Schlafstätte hängt nun von seiner Stimmung ab.

Gesundes Schlafen in einem umgebauten Industriegebäude bedeutet nicht, daß man Futons auf dem Boden haben muß. Schwerlastböden können ein riesiges und schweres Bett tragen und den Platz für Einfassungen oder Schutzwände bieten. Selbst wenn der übrige Teil des Apartments modern eingerichtet ist, werden oft Betten aus einem anderen Jahrhundert den eher spartanischen, zeitgenössischen Gegenstücken vorgezogen: barocke Betten, Empirebetten, Biedermeierbetten, Schlittenbetten, Himmelbetten, eiserne Krankenhausbetten oder Betten mit Kopf- und Fußteilen. Die Strickwarenmodeschöpfer Patrick und Jane Gottelier, die in einem umgebauten Zuckerlager an der Themse in London wohnen, haben ein Kopfteil, das von einem geschnitzten Mahagoniaufsatz stammt und wie der Kamm einer Welle aussieht; sie glauben, daß es

aus einer Kirche stammt. Als Bezug strickten sie Überzüge und Überwürfe, Kissenhüllen und -bezüge aus Kaschmir.

Ein Bettbezug kann ein Ausflug in die Theaterdekoration sein, oder – um einen ganz traditionellen Stil zu nennen – man kann sich auf weißes Leinen beschränken. Das frühere Büro einer Baufirma, das von den Keramikkünstlern Kate Malone und Graham Inglefield in eine dreistöckige Wohnung umgebaut wurde, ist mit einem geschnitzten hölzernen Himmelbett aus Lombok in Indonesien ausgestattet, das ein indianisches Zelt als Baldachin erhalten hat. Innen hängen kleine Messingvögel, Sonne, Mond und Sterne. Dieser zeltartige Raum wahrt die Privatsphäre ohne feste Trennwände.

Einen minimalistischeren Stil verfolgte Greville Worthington in seinem umgebauten Klassenzimmer in Nord-Yorkshire, als er sich für ein Bett aus Ulmenholz mit hohen Seitenteilen entschied. Es wirkt ein bißchen so, als ob man in einem dreiseitigen, zugfreien Karton schläft. Er gab zu, daß er durch das Werk des Bildhauers Donald Judd inspiriert wurde. Sparsam, aber mit sicherem Geschmack ausgestattet, mit Gazevorhängen auf gekrümmten schmiedeeisernen Stangen, die der Schmied Joe Cassell angefertigt hat, ist es zugleich ein Stück Architektur. Dies gilt auch für das Bett von James Hong in einem Lower

(1) Unter dem Dach einer Scheune schirmt eine einzelne Trennwand, die bis zu zwei Drittel der Dachhöhe dieses Satteldaches hochgezogen wurde, das Bett von der Treppe ab.

(2) In dieser Scheune bildet ein Moskitonetz aus Armeebeständen einen Bettvorhang.

(3) Obwohl dieses Schlafzimmer vom Ankleideraum getrennt ist, entschlossen sich die Besitzer, Licht nicht ganz auszuschließen, und installierten gewellte Acrylplatten, die sowohl natürliches wie auch Kunstlicht hindurchlassen.

(4) Das Schlafzimmer am Ende eines langen, offen angelegten Wohnraums wird einfach durch Musselinvorhänge, die vom Dach bis zum Boden reichen, abgeschirmt. An der gegenüberliegenden Wand hängt eine Kleiderstange an Seilen von den Dachsparren herunter.

2

3

4

1 2 Eine rechteckig gegliederte Glaswand in einem New Yorker Loft, die auch mit einem Baumwollvorhang geschlossen werden kann, trennt den Schlaf- und Badebereich vom Koch- und Wohnbereich ab.

3 Ein spezielles Kopfteil, das für die Scheune von William Leddy in Pennsylvania angefertigt wurde, ist mit Strahlern zum Lesen ausgestattet.

Eastside Loft in New York, das Fallschirmstoff abschirmt, der in Pastelltönen eingefärbt wurde und von maßgefertigten, gebogenen Stahlrohren herunterhängt, die etwa 45 cm von den Fenstern entfernt angebracht worden sind.

Obwohl die meisten Bewohner von Lofts alte Betten wegen ihrer ungewöhnlichen Größe und Präsenz mögen, ist die Nachfrage nach alten Kleiderschränken und Kommoden mit ausladenden Fronten nicht besonders groß. Alte Büromöbel oder recycelte Industrieeinrichtungen entsprechen häufig eher den Bedürfnissen der Bewohner, die ihre Kleidung in Schubladen von Metallaktenschränken oder Fächern unterbringen und Stahlkleiderstangen und gußeiserne Kleiderständer verwenden. Beim Umbau eines Weinlagers an der Themse kombinierte Sue Skeen, die Herausgeberin einer Zeitschrift und Fotostylistin, gestapelte Metallkoffer, die für Pullis, Socken und Hemden beschriftet waren, mit einem frei stehenden Schrank, der weiße Türen aus Nut- und Federbrettern hat.

Welche Art von Aufbewahrungssystem im Schlafzimmer verwendet wird, hängt davon ab, wo man den Schlafbereich einrichtet. Um den Effekt von unterschiedlichen Ebenen zu erreichen, könnte man sich ein Hochbett entwerfen, oder eine ›Bettarchitektur‹ wie die kanarienvogelgelbe, multifunktionelle Bett-, Aufbewahrungs- und Bibliothekseinheit von Richard und Ruth Rogers, die in hohen Räumen besonders gut zur Geltung kommt. Bei diesem maßgefertigten Bett befinden sich auf der Rückseite des Kopfteils Regale und Schubladen sowie auf jeder Seite Sockel für Bücher, die gleichzeitig als Nachttische mit eingebauter Beleuchtung dienen, so daß das Bett alle Funktionen eines gesamten Schlafzimmers erfüllt.

3

Baden

1 2 Der einfühlsame Einsatz von Licht und interessanten Materialien kann ein Bad zu einer Oase werden lassen. Ein Oberlicht und schmale Fenster seitlich einer tiefen Badewanne schaffen ein asketisches Bad. Das Oberlicht im zweiten Beispiel läßt schmeichelhaftes Licht von oben auf ein Glaswaschbecken fallen.

3 In diesem Loft wird das Bad von einer Wand eingefaßt, der Bodenbelag geht in den Wohnbereich über wie eine Bademattte, die den Blick zwischen die Räume lenkt. Spiegel und Waschtisch bilden horizontale Linien, angenehm kontrastierend zu den vertikalen des Gesamtraums.

Was es auch immer in der Vergangenheit war, eine umgebaute Scheune oder ein Fabrikgebäude, es hatte wahrscheinlich nie Anschlüsse für ein Bad, und so beginnt man technisch bei Null. Die Plazierung hängt von den vorhandenen Anschlüssen ab, deshalb finden sich Bäder schließlich an den außergewöhnlichsten Stellen. In Tyne O'Connells umgebauter Rohrfabrik badet man in einer Badewanne neben einer Wendeltreppe, die auf den Dachgarten hinaufführt. Der Architekt John Young von *Richard Rogers Partnership* besitzt in seinem Penthouse ein Badezimmer mit Dusche, das mittels Glasbausteinen vom übrigen Wohnbereich abgetrennt wird. In den Boden ist eine japanische Wanne aus Zedernholz eingelassen, die mit einer Holzplatte abgedeckt werden kann, wenn man sie nicht benutzt.

Wenn es außer der Eingangstür nur eine Tür in einem umgebauten Industrieraum gibt, dann wird diese unvermeidlich ins Bad führen, und das setzt eine Wand voraus. Eine der verwegensten Lösungen stellt Mark Guards Wand aus Sichtschutzglas dar. Guard verwendet sie als Schirm für den Baderaum, der genau an den Wohnbereich grenzt. Ganz nach Wunsch kann die spezialbeschichtete Glasplatte auf Knopfdruck opak oder transparent werden.

Die Floristin Paula Pryke und ihr Mann, der Architekt Peter Romaniuk, haben sich gemeinsam über

einer Blumenwerkstatt eine zweigeschossige Wohnraumerweiterung aus Stahl und Glas gebaut. Ihre gußeiserne Badewanne, das Waschbecken und den Duschbereich haben sie von der Glasfassade mit drei Halbkreisen aus blauweißem, wie Segel aufgespanntem Tuch abgeschirmt. Drei runde Oberlichter tauchen die Badewanne, die Dusche und das Waschbecken in natürliches Licht. Peter Romaniuk kreierte einen »Duschbaum«. In einem einzigen senkrechten Rohr, das wie eine Säule neben der Badewanne steht, sind Wasser- und Absperrhähne, ein runder Rasierspiegel, der Brausekopf und vieles mehr untergebracht.

Kein Baden hinter verschlossenen Türen gibt es in einem umgebauten Elektrolager von *Future Systems*, dem Architektenehepaar, das ein Architekturelement aus Spanplatten in kräftigen Farben installierte, was die Badewanne hinter einer gewundenen Trennwand verbirgt. Bei seinem Entwurf für das Royalton Hotel in New York verwandte Philippe Starck eine Wand aus opaken Glasbausteinen, die zum Teil um die Badewanne herumführen. Um den Zylinder zu vervollständigen, hängt ein Duschvorhang an einer halbrund gebogenen Chromschiene. In der kleinen Fabrik in der Nile Street in London ist das Bad der Architekten Jane Tankard und Steve Bowkett ebenfalls eine wandfreie Zone. Sie schirmten das Bad mit einer opaken Glasplatte ab, die in eine Backsteintrennwand eingesetzt wurde.

(1) Eine frei stehende, zentral gelegene Dusche kann auch einen runden Grundriß erhalten. Die Wasserrohre sind so mit Eisenplatten verkleidet, daß sie zu einem Pfeiler werden, der gleichzeitig als Stütze für die Keramikbecken dient.

► *Im Uhrzeigersinn von oben links:* Beim Umbau eines Erdgeschosses wurde die Dusche unter der Straßenebene installiert, undurchsichtige Glasbausteine lassen Tageslicht von oben einfallen · Dieses einfache Marmorbecken besitzt noch seinen ursprünglichen Wasserhahn · Luigi Ferrarios Haus in der Lombardei verfügt über eine Handdusche mit niedriger Duschwanne und ein Waschbecken aus verstärktem Glas · In einer ehemaligen Molkerei umgeben verputzte Wände eine in den Boden eingelassene Badewanne, die von einem einfachen, rechtwinkligen Wasserrohr gespeist wird.

Es gibt einige interessante gestalterische Möglichkeiten, ein Bad mit Wänden einzufassen. Das riesige Bad in Stuart Parrs New Yorker Loft ist ringsum auf zwei Drittel der Raumhöhe mit weißlackierten Nut- und Federbrettern verkleidet. Darüber sind die Originalluftschächte und alten Rohre sichtbar, aber die Installationen für die neuen Armaturen sind hinter der Verkleidung verborgen. Der Raum ist mit einem urtümlichen weißen Eckwaschbecken auf einem edwardianischen Fuß mit Keramikspritzschutz, einer Porzellantoilette, Chromarmaturen und einem Edelstahlspiegel ausgestattet. Über dieser Installation schwebt das alte Dach, das von Rohrleitungen und Lüftungsrohren durchzogen ist und an den industriellen Ursprung des Gebäudes erinnert. Der Architekt Kees van der

Sande hat ungefähr den gleichen Ansatz für ein Londoner Loft in einem ehemaligen Teppichlager von 1930 entwickelt. Er entfernte die alte Decke und installierte ein Glasdach. Opake Glasschiebewände schirmen die Toilette ab.

Hat man bei einem Umbau, sofern einem auch das Land gehört, die Möglichkeit, noch anzubauen, so ist dies die ideale Gelegenheit, ein Bad hinzuzufügen. Im australischen Melbourne konnten die Architekten Julie Meacham und Don McQuatter in dem kleinen Anbau ihres umgebauten Lagerhauses eine in den Boden eingelassene Badewanne unterbringen, in der vier Personen Platz finden. Der Anbau ist lang und schmal wie ein Eisenbahnwaggon mit Schränken, die vom Boden bis zur Decke reichen und ihn vom angrenzenden Schlafzimmer abtrennen. Die Badewanne ist mit blauem Mosaik ausgelegt, in den Putz der drei anderen Wände wurden Farbpigmente eingerieben.

Durch große Badezimmer ist man nicht länger an eingebaute, zweckmäßige Bädereinrichtungen in Standardgrößen gebunden und kann sich die unkonventionellsten Lösungen erlauben: frei stehende, rechteckige, runde oder in Ecken installierte Badewannen, die von einer beliebigen Trennwand umgeben sind. Die Wasserzu- und -abläufe von Badewannen sind normalerweise verkleidet, aber es müssen nicht immer Fliesen, es können ebensogut gewellte Metall- oder Kunststoffplatten sein. Farbenfrohe Badezimmer, Relikte aus den 70er Jahren mit Eckbadewannen, wuchtigen Duschköpfen und kleinen Waschbecken in passenden Farben und Formen sind in einem großen Industrieraum nicht nur optisch fehl am Platz, sie nutzen auch in keiner Weise die zur Verfügung stehenden Möglichkeiten des freien Raums aus. Dem Architekten Jan Kaplicky gefielen die skelettartigen, herstellungsbedingten Streben, die eine glasfaserverstärkte, weiße Acrylbadewanne stützten, so gut, daß er, anstatt eine Verkleidung anzubringen, um die Struktur dahinter zu verbergen, die Wanne einfach auf Füße stellte.

1 Im schwach erleuchteten Zentrum einer Verpackungsfabrik in Chicago wurde eine Duschkabine aus Glasbausteinen und weißen Fliesen mit gebogenen Wänden geschaffen.

2 Die Wasserrohre, die diese alte Gußeisenbadewanne speisen, sind hinter einer gefliesten Wand versteckt, die auf der anderen Seite eine Duschkabine bildet.

3 Unter den Dachsparren einer alten Scheune entstand ein freundliches, modernes Badezimmer für zwei Personen, ein großer Rippenheizkörper sorgt für wohlige Wärme.

Spinde auf Rollen. Der Architekt Ron Arad entwarf für den italienischen Glashersteller Fiam einen Wagen auf Industrierollen aus Aluminium. Die Seiten bestehen aus gewelltem Glas, das mit Holz verstärkt wird, und stabilen Glasregalen für Fernseher und Videorecorder.

1 Die außergewöhnlichen Decken und Fensterbögen dieses Bads korrespondieren mit den altertümlichen Armaturen.

2 Durch den Kontrast zwischen der purpurroten Badewanne und den ›barocken‹ Einrichtungen der umgebauten Schule eines Londoner Videoproduzenten und den Oberflächen aus frei liegendem Backstein und sandgestrahlten alten Anstrichen der ursprünglichen Wände wird eine nahezu surrealistische Situation geschaffen.

3 Der hohe Raum einer ehemaligen Londoner Fabrik inspirierte die Besitzer Tim und Carol Wood, im Schlafraum ein hohes Podest für eine in den Boden eingelassene und mit Marmor eingefaßte Badewanne am Fuß der eisernen Wendeltreppe zu bauen.

Häufig wählen Bewohner von Lofts die klassische Badewanne, selbst wenn sie sie rot streichen, auf Kunstrasen stellen und einen gepolsterten Stuhl in grellem Pink daneben stellen, wie es die Stoffdesignerin Carol Thomas hinter der imposanten Fassade einer umgebauten Bank in der Innenstadt von London tat.

Obwohl Philippe Starcks dreieckiges Glasbecken, bei dem Infrarotsensoren das Wasser anstellen, wenn sich jemand nähert, noch in Produktion gehen muß, sind seine tiefen Wannen und eimerförmigen Waschbecken auf Füßen dafür konzipiert, im freien Raum zu stehen. Seine in mattweiß gehaltenen, von Shakermöbeln inspirierten Formen besitzen eine unaufdringliche Schlichtheit, wenn sie in großen weißwandigen Baderäumen mit einfachem Holzfußboden stehen.

Da Bäder bei aller Kreativität an die vorhandenen Installationen gebunden bleiben, müssen zusätzliche Elemente für Flexibilität sorgen: etwa alte Krankenhauswaschtische und

Beim Einbauen und Einrichten eines Bads in umgewidmeten Räumen sind einige generelle Regeln zu berücksichtigen. Die Oberflächen in Badezimmern sollten dauerhaft und wasserdicht sein. In Betracht kommen Glas und Keramik, Beton und Marmor, Holz und Stein. In einem großen Raum sollte man allzu kleine Fliesen vermeiden, die den Fliesenleger unendlich viel Zeit kosten.

Für ein Bad eignet sich eine Fußbodenheizung am besten, da sie effizient und platzsparend ist. Eine urtümliche, wenn auch kostspielige Lösung wurde von dem Architekten Pip Horne verwirklicht, der in einem umgebauten Obstmarktlager den Boden des Bades in biskuitfarbenem, römischem Sandstein auslegte, weil dieser unter den Füßen eine natürliche Wärme entwickelt.

Die Möglichkeit, bei einer Umwandlung gestalterisch ganz bei Null beginnen zu können, läßt es auch zu, das Bad in zeitgenössischem Design zu entwerfen: Das niederländische Design-Team *Droog for Rosenthal ceramics* hat ein überaus attraktives Fliesenprogramm kreiert; es gibt Seifenschalen aus Stahl, die, mit einer Keramikfliese verkleidet, aus einer Vertiefung der gefliesten Duschwand herausgezogen werden, oder Bodenfliesen mit Wassertropfen aus klarem Glas auf der Oberfläche. Duncan Chapman von *Circus Architects* verwandte farbige, glattlackierte Glasfaserplatten, um die Wände seines Duschraums, den er in einer alten Druckerei aus Backsteinwänden eingerichtet hatte, zu verkleiden.

Arbeiten

Künstler, die in New York und Paris in Lagerhäuser zogen, begannen als erste, aus der Umwandlung von Industrieräumen zu Wohn- und Arbeitsstätten einen eigenen Lebensstil zu entwickeln, eben das Leben in Lofts. Bildhauer gossen Bronzen in den Höfen, Keramikkünstler stellten Brennöfen auf, und Glasbläser richteten ihre Werkstätten im Erdgeschoß der Gebäude mit ihrem schier unerschöpflichen Raum ein. Die Mietbelastungen waren niedrig, aber es mußte viel renoviert werden, da die Häuser heruntergekommen waren. Manche Künstler bewohnen diese Räume heute immer noch. In den 80er Jahren zog ein ganz anderer, noblerer Personenkreis von gutverdienenden Angestellten hier ein; so waren diese Gebäude tagsüber wieder verwaist, wenn ihre Bewohner zur Arbeit gegangen waren.

2

1

Heute hat die sich verändernde Technik, die diese Gebäude einst geleert hatte, sie wieder zu Computerarbeitsplätzen umgewandelt, die alle Funktionen eines professionellen Büros ausfüllen können. Coco Chanels Büro war 40 Jahre lang eine Suite im Ritz, aber die neuen ›Computer-Suiten‹ ermöglichen es, ein internationales Geschäft von einer Frühstücksbar in einem ehemaligen Geräteschuppen aus zu tätigen. Der Computer-Arbeitsplatz ist ein virtuelles Büro: Man braucht nur einen Computer, ein Laptop und ein Faxgerät per Modem und

1 Der Architekt Nico Rensch baute sich in einem Londoner Loft diesen Arbeitsplatz zum Wegklappen mit schwenkbaren Seitenplatten.

2 Blaue Blechfässer bilden zusammen mit alten Stahlaktenschränken eine Arbeitsfläche mit angrenzendem Computerarbeitsplatz in einer ehemaligen Fabrik in Belgien, die dem Fotografen Frank Destrooper gehört.

3 Auf dem Zwischengeschoß dieses Raums befindet sich ein Arbeitszimmer, das natürliches Licht vom oberen Teil des Küchenfensters nutzt. Darunter steht ein ›Küchenschrank‹, der von *Circus Architects* speziell für ein Londoner Paar entworfen wurde, das sein konventionelles Vorstadthaus verließ, als die Kinder erwachsen waren und zu Hause auszogen.

3

1 Die Modedesignerin Barbara De Vries hat Schiebewände an ihrem Arbeitsplatz. Auf der einen Seite befinden sich persönliche Dinge, Bücher, Zeitschriften und Porzellan, auf der anderen ihre Ausrüstung für den Musterzuschnitt.

2 Die Modedesignerin Jean Colonna, die in einer ehemaligen Schuhfabrik in Paris wohnt, hat sich einen flexiblen Arbeitsplatz eingerichtet, indem sie einen Wandschirm aufstellte, einige Aufbewahrungskisten aus Holz aufeinanderstapelte und mobile Metallregale für ihre Bücher, Zeitschriften und Zeichenmaterialien verwandte.

3 George Whiteside ist ein Modefotograf, der in seiner Wohnung in einer umgebauten Fabrik in Toronto arbeitet. Einen Arbeitsplatz hat er neben dem Küchenwaschbecken.

4 Paula Iacucci hat sich eine Bibliothek und einen Arbeitsplatz in einem New Yorker Loft eingerichtet. Auf einer Seite steht eine hölzerne Trennwand mit Schränken, auf der anderen ein Wandschirm, der verschoben werden kann, um natürliches Licht hineinzulassen.

Internetanschluß mit der Welt zu verbinden; Geschäftsleute mit vielen Terminen können sich eine Einrichtung für Videokonferenzen installieren lassen; ein Angesteller eines Kommunikationsunternehmens mit einem Internetanschluß und entsprechender E-Mail-Adresse kann es sich erlauben, in Zypern zu wohnen und dabei täglich für das Londoner Büro zu arbeiten. »Es hat unsere Arbeitsbeziehung nicht beeinträchtigt«, kommentierte sein Marketing-Manager, »obwohl ich sicher bin, daß es seine Lebensqualität beeinflußt hat.« Auf der ganzen Welt arbeitet man wieder von zu Hause aus.

Wenn das Zuhause ein großes, ehemaliges Industriegebäude ohne abgeschlossene Zimmer ist, muß man sich entscheiden, ob man einen separaten Raum zum Arbeiten abteilt, oder ob man in dem offenen Wohnraum ein Büro einrichtet. Das ist eine wichtige Entscheidung, weil sie bestimmt, inwieweit Arbeit und häusliches Leben ineinandergreifen. Arbeiten von zu Hause aus sollte nicht bedeuten, daß Küchen- oder Wohnbereich von Computern oder Papierkram überflutet werden.

Sue and Paul Vaight, die eine Doppelhaushälfte gegen zwei kompromißlos modern umgebaute Apart-

ments in einer alten Druckerei tauschten, machten mit der Hilfe von Duncan Chapman von *Circus Architects* einen einzigen großen, offenen Wohnbereich daraus, in dem sie einen zylindrischen Stahlturm installierten. Diese frei stehende Konstruktion in der Mitte des Wohnraums beherbergt auf der Küchenebene einen begehbaren Küchenvorratsschrank und in Höhe eines Zwischengeschosses einen Teil des Arbeitsraums.

Selbst wenn man eine scheinbar geschützte Ecke in einem offenen Wohnraum hat, benötigt der Arbeitsplatz spezielle Einrichtungen, damit man sich psychisch auf Arbeiten einstellen kann. Geoff Hollington, der Möbeldesigner für amerikanische Büroeinrichtungsfirmen, glaubt, daß die Arbeit zu Haus einen speziellen Platz voraussetzt, mit einem bequemen Stuhl, einem Computer mit eigenem Tisch und mit angemessenem Platz für Unterlagen. Daher hat er eine Kollektion von Büromöbeln entworfen, die speziell in eine häusliche Umgebung passen und für flexible Räume geeignet sind. Hollingtons Möbelpalette umfaßt Schränke, die wie Sideboards aussehen, aber Akten enthalten, und Tische mit Beinen, in denen die Kabel untergebracht sind.

Alternativ können Gegenstände, die auch als Mobiliar Verwendung finden, den Übergang zwischen Arbeit und Entspannung erleichtern. Als Sue Skeen in einem ehemaligen

Weinlagerhaus wohnte, waren Wohn- und Arbeitsraum eins. Da sie gern flexibel sein wollte, bewahrte sie die Zeitschriften, die sie inspirierten und informierten, in großen quadratischen Holzwagen mit ausklappbaren Ablagen auf. Ein Holzarbeitstisch auf Rollen und eine Gruppe von alten, weißen, stapelbaren Stühlen mit Metallgestellen machten es einfach, ein spontanes Arbeitstreffen oder eine Dinnerparty mit zwölf Personen zu organisieren. Sie verwandte eine einfache, biegsame Lampe mit Aluminiumschirm, um das Licht gezielt dorthin zu lenken, wo es benötigt wurde.

Da Menschen in zunehmendem Maße zu Hause arbeiten, tragen auch neue Möbeldesigns dazu bei, eine bequeme Wohnumgebung und ein funktionelles Büro im gleichen Raum zu verwirklichen.

Seit uns die Technologie vom Büro befreit hat, gibt es keinen Grund, an Stadtzentren gebunden zu sein. Es ist genauso einfach, eine Wohnung in einem früheren Kuhstall oder in einer Scheune als Medienzentrum einzurichten, wie es das Arbeiten in einem Loft ist. Im Zeitalter der Elektronik ist die Schaffung eines Arbeitsplatzes zu Hause ein Kinderspiel. Alle großen Computerhersteller bieten heute Produkte an, die nicht größer als Sitzkissen sind und doch alle notwendigen Funtionen enthalten. Wie ein Nomade wickelt man den Laptop in seine Schutzhülle und trägt ihn an einen neuen Standort.

1 Das Studio eines Künstlers in einer ehemaligen Fabrik in Cadaqués (Spanien) ist weiß gefliest und wird im Winter durch einen alten Ofen mit riesigem Ofenrohr erwärmt. Die Oberlichter zwischen den Dachsparren sowie eine schmale, hohe Lichtöffnung an der hinteren Wand bringen so viel Tageslicht wie möglich und für das Malen nötig in das Atelier.

2 Es war die handwerkliche und materialmäßige Schlichtheit dieses Internats in Antwerpen, die die Architekten Peter Haverhals und Frank Heylen zur Installation einer in einem Stück gegossenen Arbeitsplatte aus Beton inspirierte, die sich über die gesamte Länge des Klassenraums erstreckt.

Martha Stewart, die amerikanische Schriftstellerin von zehn Bestsellern und Gastgeberin in TV-Sendungen über Lebensmittel, Unterhaltung, Gartenarbeit und Wohnungsrenovierung, richtete sich ihr Büro in dem alten Abstellraum in ihrem Heim in Connecticut ein. Ein alter Bauerntisch mit einer haltbaren Aluminiumoberfläche enthält die Anschlüsse für ihren Laptop, ihren Computer, Drucker und Telefon. Ein oberhalb der Arbeitsfläche angebrachtes Büroablagesystem war ursprünglich ein alter Speiseschrank. Die standardisierten Metallaktenschränke wurden in einer Autokarosseriewerkstatt porzellangrün gespritzt, ebenso ein Industriewerkzeugwagen mit einem Stahlrahmen, der das Faxgerät trägt. In ihrer eigenen, äußerst erfolgreichen Zeitschrift *Martha Stewart Living* rät sie: »Es ist für Kinder genauso wichtig, einen Bereich zum Schreiben und Lernen zu haben, wie wir Erwachsenen einen Platz zum Arbeiten und Denken brauchen. Es muß kein großer Platz sein – im Computer kann man schon eine Menge unterbringen.«

Diejenigen, die das Glück haben, auf mehreren Etagen zu wohnen, können ihrer Arbeit eine komplette Etage widmen. Die Architektin Miska Miller und ihr Ehemann Ross Lovegrove haben ein Designstudio im Erdgeschoß ihres Lagerhauses in London. Ihre Schlafzimmer und Bäder befinden sich über dem Studio, und in einer weiteren Etage haben sie ihren 17 m langen Wohnraum untergebracht.

Der australische Lebensmittelfotograf Mark Chew und seine Frau Sally Ann Ballharrie, die in einer ehemaligen Hutfabrik in Melbourne wohnen, haben ihren Wohnraum ebenfalls mit dem Arbeitsraum kombiniert. Ihr Fotostudio befindet sich im Erdgeschoß, aber für die Lebensmittelaufnahmen benötigen sie die Küche, die Teil des offenen Wohnraums auf der ersten Etage ist. Damit nicht ihr ganzes Zuhause eine einzige Arbeitszone wird, schirmten sie ihr Bett hinter einer frei stehenden Wand ab, die bis knapp unter die Dachsparren reicht, und richteten die Küche auf der anderen Seite ein.

1

Die Eisfabrik in New York

Ein Gebäude, so groß wie ein Straßenblock

Für die New Yorker hat die Behaglichkeit als Kriterium für Wohnqualität, wie wir sie kennen, niemals einen besonderen Stellenwert gehabt. Einer der Gründe, warum Lofts in Manhattan lange vor Mailand und München in Mode kamen, liegt in der Tatsache, daß New Yorker eine Vorliebe für maßlose Räume haben, für riesige rohe Zement- oder Backsteinflächen, für Dielen, so groß wie Eisenbahnschwellen, und Träger, die die Niagara-Fälle überspannen könnten.

Die ehemalige Lack- und spätere Speiseeis-Fabrik am East River, gegenüber von Manhattan, ist so groß, daß die Besitzer Tim und Dagny Du Val, die eine Etage bewohnen und ihr Gartencenter in einem der originalen Heizungsgebäude eingerichtet haben, Räume an einen Hersteller von Feuchtigkeitsreglern, eine Bäckerei, eine Kaffeefirma, einen Bildhauer, einen Künstler, eine Weinfirma und einen Gourmet-Lebensmittelhändler vermieten.

Die Umgestaltung eines Teils der Fabrik, wo einmal giftige Chemikalien hergestellt wurden, in ein Gartencenter liegt im Trend der Zeit. Gartenpflanzen überwuchern eine ehemalige Maschinenanlage, eine passende Metapher – auch die amerikanische Industrie beginnt ökologisch zu denken. »Als wir 1982 hierher kamen«, erinnern sich die Besitzer, »haben wir etwa 900 m³ Müll – darunter sogar alte Lkws – herausgeholt. Wir haben das Gebäude sofort mit Boston-Efeu bewachsen lassen, damit es an allen Kaminen hochklettern kann.«

Der riesige Komplex besteht aus einem ganzen Straßenblock von Lagerhäusern, Fabriken und Schornsteinen und besitzt ein zentrales Portal aus der zweiten Hälfte des 19. Jahrhunderts. Die Fabrik selbst wurde 1906 gebaut. Wie es bei Lackfabriken üblich war, gibt es einen zentralen Hof, der durch die Einfahrt, die von den Lkws benutzt wurde, zugänglich ist. Ursprünglich gab es hier drei Bauteile: das größte war ein L-förmiges Gebäude, das zweitgrößte ein Komplex aus drei Heizungshäusern und das dritte (2), nach Norden gelegene, schließt den rechtwinkligen Grundriß ab. Anbauten, die im Laufe der Jahre hinzukamen, haben alle diese Bauten miteinander verbunden.

Jedes Heizungsgebäude ist ein einzelner Raum mit einer Feuerstelle von etwa 1,8 m Tiefe, über der sich ein 1,8 m hoher Backsteinalkoven wölbt. Drei 13,7 m hohe rechteckige Kamine, die über die Breite des Gebäudes miteinander verbunden sind, waren die Rauchabzüge der Feuerstellen. Die von Stahlbindern getragenen Dächer der Heizräume erreichen an ihrer höchsten Stelle eine Höhe von 6 m.

2

Die Baugenehmigung für den Umbau dieses Objekts war kein Problem, aber »um in einem Industriegebiet auch wohnen zu können, mußten wir einen Antrag als Aufsichtspersonal stellen, was jedoch mit einem Geschäft für Gartengestaltung und Pflanzen ein Kinderspiel war. Die Rechtfertigung unserer Anwesenheit war einfach: jemand muß nach den Pflanzen sehen, gießen und die Wärme im Gewächshaus regulieren.« Aber die massive Konstruktion stellte ein ungewöhnliches Problem dar. »Jedesmal, wenn wir ein Loch bohren wollten, wurde ein Bohrer beschädigt«, erzählten die Besitzer. »Jeder, der hier arbeitet, ruiniert irgend etwas. Die größte Mühe hatten wir mit den Installationen, aber es gelang uns, die Rohrleitungen unter den Decken der obersten Etage verlaufen zu lassen.«

»New Yorker haben eine Vorliebe für maßlose Räume ...«

Nonie Niesewand

Die Du Vals leben in der obersten Etage des Gebäudes, in dem einmal die Speiseeisfabrik untergebracht war. Der Hauptbereich hat eine Fläche von 371 m², die angrenzende Terrasse (5) mißt weitere 325 m² und führt zu einem 92 m² großen Gästestudio. Vom Apartment und der Terrasse blickt man über den East River hinweg auf die East Side von Manhattan Midtown (3) und die Queensboro Bridge. Die Größenverhältnisse des Raums sind aufgrund der Deckenhöhe trügerisch. »Die Höhe vom Boden zur Decke beträgt 4,8 m, so wirken die Fenster klein, in Wirklichkeit sind sie 2,4 x 0,9 m und damit eigentlich groß.« Um mehr Licht im Apartment zu haben, setzten die Du Vals mehrere zusätzliche Fenster in das Gebäude ein. Die originalen, um die Jahrhundertwende üblichen Oberlichter wurden belassen, wie sie waren. Scheinwerfer wurden hinter mit Gußeisen verstärkten Betonträgern versteckt; wo es nötig war, wurden Strahler in den Boden eingelassen.

Die Erfahrung der Du Vals beim Umbau von anderen Fabriken hatte sie gelehrt, ein offenes Apartment um die zentrale Küche herum zu planen und dabei das Bad und die Schlafräume in einem eigenen Flügel unterzubringen.

Die baulichen Veränderungen beschränkten sich nur auf eine Seite, den Ostflügel, um die Schlafzimmer und Bäder »wie Würfel in einen Raum zu setzen – und nicht in Räume hineinzuquetschen.« Der Lichtfluß von einer Seite zur anderen ist wichtig, da es sich auch hier um einen offenen Raum handelt.

Sie haben es sich auch zum Prinzip gemacht, möglichst alle vorhandenen Materialien wiederzuverwerten: Riesige Kühlraumtüren aus den 40er Jahren führen zu den Bädern; ein Badezimmerwaschbecken war ursprünglich eine Mischschüssel für Eis (6). Die Holzkonstruktion, die einst die Kühlrohre in einem großen Kühlraum stützte, fand als Küchentheke Wiederverwendung (4). Die Böden haben noch die originalen Terrakottafliesen und Abflüsse aus der Zeit, als die Räume mit Wasser aus Schläuchen gesäubert wurden. Die Wände bestehen aus freigelegten, 30 cm starken Backsteinmauern. Die meisten der Hauptwände waren mit etwa 20 Schichten Farbe bedeckt. Die Besitzer haben sie abgekratzt, bis von jeder Farbe etwas übrig war (1), so entstand eine Patina in unterschiedlichsten Schattierungen, die wie ein Grundthema den gesamten Raum bestimmt, »wie alte verwitterte Wandmalereien aus Pompeji«. Als alle Wände gereinigt waren,

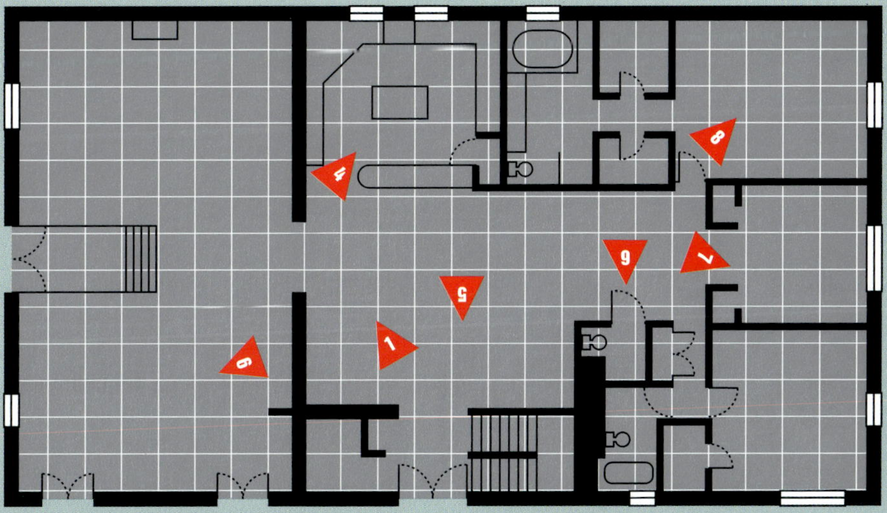

Zu den Terrassen und dem Gästestudio, wo die Fotos 2 und 3 aufgenommen wurden.

5

6

7

8

überwog eine blaugrüne Farbe, die die Du Vals für die Möbelelemente, die die Arbeitsplatten trugen, ebenfalls verwandten. Die Betondecke blieb unverkleidet.

Die Möblierung von Räumen dieser Größenordnung bleibt ein schwieriges Unterfangen. Bei den Du Vals haben die Möbel keinen festen Ort, sondern sind größtenteils mobil. Die einzelnen Stücke stammen aus verschiedenen Epochen: ein quadratischer großer Flügel von 1860, ein Poolbillardtisch von 1906 und amerikanische Bambussessel und -sofas aus den 30er und 40er Jahren.

Auch im Terrassengarten ist die Pergola aus dem altem Holz der Kühlräume. Das Becken und der Springbrunnen wurden aus einem schweren, alten Rad aus der Metallgießerei gefertigt. Alle Pflanzen sind in Container gesetzt, wobei das Blattwerk an den Seiten überhängt, so daß die Kübel verdeckt sind. Zu den Pflanzen zählen Zittergras, Birke, Alpen- und Schwarzkiefer – allesamt fedrig und zierlich –, die mit einjährigen Pflanzen in sanften Farben vermischt wurden. Viele dieser an anderen Orten verwaisten Pflanzen wurden hier wieder gesundgepflegt.

»Wir entwerfen Terrassen in ganz New York und versuchen das Erlebnis der Verschränkung von Innen und Außen zu vermitteln. Nachts schauen wir hinaus auf den mit Flutlicht erleuchteten Garten.«

4 Frei-Räume

Lebens-Räume

Industrielle wie auch landwirtschaftliche Gebäude grenzen innen und außen klar voneinander ab. Werkstätten wurden nie dafür gebaut, eine Aussicht einzurahmen, und die hohen Fenster in alten Schulen wurden extra so angeordnet, damit der Ausblick die Schüler nicht ablenkt. Scheunen und Traktorschuppen benötigten nie Fenster, und in Molkereien wurde das Sonnenlicht bewußt ausgeschlossen, um das Innere kühl zu halten. Daher kann es schon eine Herausforderung bedeuten, in solche Gebäude eine grüne Oase hereinzuholen.

Bei Umbauten in der Stadt, wo andere hohe Gebäude ihre Schatten werfen, können die Besitzer manchmal einen Innenhof einrichten, der zum Himmel hin offen ist oder unter einem Glasdach liegt. Beim Umbau einer Autowerkstatt im Süden Londons unter der Leitung des Architekten Mark Guard umschließt das Gebäude einen zentral gelegenen, offenen Raum, in dem schlanke, silbrige Birken *(Betula jacquemontii)* zwischen Granitplatten wachsen.

Blumenrabatte und ganz akkurat geschnittene Rasenflächen passen weder zum Umbau eines landwirtschaftlichen Gebäudes noch zu einer Arbeitsstätte in der Stadt. Eher eignet sich für diese Objekte ein stiller, meditativer, an japanischem Vorbild orientierter Stil, wie ihn Guard

1 Der australische Architekt Ray Gill legte zuerst den Gartenbereich an, als er mit seinem Umbau einer Federfabrik begann. Dieser üppig bepflanzte Innenhof, der bis zu den Schlafräumen der Gästezimmer führt, wurde so konzipiert, daß seine Instandhaltung nur wenig Arbeitsaufwand erfordert.

2 Das Erdgeschoß eines umgebauten ehemaligen Internats in Antwerpen, das der Architekt Hugo Kinnear entwarf, erhält durch die Fenster, die vom Boden bis zur Decke reichen, einen phantastischen Ausblick auf den stillen, meditativ wirkenden Garten.

3 Durch Glenn Murcutts gelungenen Umbau eines alten Traktorschuppens wird man zu einem Ausblick auf das Blattwerk der einheimischen australischen Eukalyptus- und Klebbäume *(Tallowtree)* eingeladen.

3

1

1 Das Dachgeschoß der umgebauten Schule in Antwerpen wurde von Ronald Merens und Betty Bergen entworfen. Bäumchen und Büsche sind eine gute Lösung für den kleinen Innenhof.

2 Die von Mark Guard umgebauten Autowerkstätten in Deptford, im Süden Londons, besitzen einen japanisch anmutenden Innenhof mit schlanken, silbrigen Bäumen.

3 In Melbournes mildem Klima wird ein Innenhof zu einem Wohnraum im Freien. Der Architekt Michael Rigg betonte die großen, klaren Proportionen dieser viktorianischen Gießerei mit niedrigen, quadratisch geschnittenen Hecken.

mit Kieseln und Steinen praktizierte. Eine andere Möglichkeit besteht darin, den Backstein- oder Steinboden aus dem Innern fortzusetzen und ihn mit Kübelpflanzen aufzulockern. Das Gestalten mit Pflanzen kann einfach darin bestehen, Blumenkübel auf einer gußeisernen Feuertreppe aufzustellen, bei Terrassen oder Dachgärten sind ambitiösere Arrangements möglich. Natürlich sollte man zuerst prüfen, ob Terrasse oder Dach ausreichend belastbar sind. Entscheidet man sich für einen Garten ohne Kübelpflanzen, so ist zu überlegen, in was die Pflanzen eingesetzt werden sollen, in Gartenerde oder in einen leichten Bodenersatz, und außerdem, wie sie gewässert werden sollen. Der in London ansässige Gärtner Dan Pearson schuf speziell für Lofts einen Garten ohne Erde. Er verwandte das Pflanzsubstrat *GroDan*, das so leicht ist wie Dämmaterial und nur wenig gedüngt und gewässert werden muß.

Wind kann auf hochgelegenen Terrassen zum Problem werden, daher kann man statt mit Ranken oder Kletterpflanzen bedeckte Spaliere als Windschutz Pflanzen auswählen, die auch an exponierter Stelle wachsen können: hohes, im Wind wogendes Gras sieht zudem sehr interessant aus.

Harte, anorganische Oberflächen mit vegetabilen Formen zu kombinieren, die sich im Luftzug bewegen, schafft eine meditative Atmosphäre, deshalb muß die Gartenfläche samt ihrer Möblierung als ein gesonderter Bereich betrachtet werden. Es müssen nicht die sattsam bekannten Gartenmöbel sein: Die britischen Architekten Jonathan McDowell und Renato Benedetti entwarfen Sitzgelegenheiten für Dachgärten aus gehärtetem Glas, in denen die Lichtreflexe der Themse, die dem von ihren umgebauten ehemaligen Teelager vorbeifließt, spielen.

1

5

Raumkünste

Bei der Umgestaltung eines ursprünglich landwirtschaftlich oder geschäftlich genutzten Gebäudes in Wohnraum ist man gewöhnlich nicht nur Besitzer, sondern auch Designer und Arbeiter, und wenn es soweit ist, daß man entscheiden muß, wie die Wohnung möbliert werden soll, dann wird man auch noch zum Innenarchitekten, ganz gleich, wie viele Mitarbeiter man engagiert hat. Vor dem Einrichten sollte man sich zurücklehnen und beobachten, wie das Licht auf die Wände des neuen Heims fällt. Es gilt herauszufinden, was Bequemlichkeit und Farbe sowie Vergnügen und praktischen Nutzen in die neue Umgebung bringen soll.

Industrie- und Landwirtschaftsgebäude verfügen über eine architektonische Integrität, die sich traditioneller Dekoration mit wiederkehrenden Mustern auf Tapeten, Stoffen und wandüberdeckenden Verkleidungen widersetzt. Nüchternheit ist jedoch nicht die einzige Wahl. Farben auf Wänden, Decken und Böden können dazu beitragen, deren sachliche Härte zu mildern, räumliche Trennungen vorzunehmen oder Bereiche zu vereinen. Oberflächendifferenzierungen helfen, diese Trennungen zu verstärken: geflieste Böden und Wände in Küche und Bad, Putz- oder Holzwände im Wohnbereich. Rohe Backsteinwände, getöntes Glas, Holzdielen und Stahlträger stehen im Kontrast zu sinnlicheren, intimeren Materialien wie Papierwandschirmen, gestrickten Überwürfen, Leinenbezügen, Segeltuchwandschirmen, Vorhängen aus Sackleinen und Seidenkissen.

Gebrauchtes Mobiliar aus Krankenhäusern oder Büros, Fundstücke von Trödelmärkten und aus Antiquitätenläden sowie zeitgenössische Designerstücke sehen in einem umgewidmeten Raum aus, als stünden sie schon immer da. Rollen machen aus einem gewöhnlichen Stuhl eine Sitzgelegenheit zum Essen, Lesen, Fernsehen oder zur Unterhaltung, ganz nach Lust und Laune oder je nach Lichtwechsel.

Bei der Möblierung muß man sich von Anfang an der Gefahr bewußt sein, daß die eigenen Besitztümer durch die neuen Größenverhältnisse winzig erscheinen können. Man sollte großzügig planen und denken, den Boden freimachen und Kleinteiliges wegräumen. Entspannen, schlafen, baden, kochen, essen – jeder Bereich erfordert spezielle Aufbewahrungseinrichtungen. Es gibt nie genügend Schubladen oder Schränke, aber in einem unkonventionellen Raum gibt es auch unkonventionelle Arten der Aufbewahrung von Dingen.

Als nächstes geht es um das Kleinteilige: »Gott steckt im Detail«, wie Mies van der Rohe sagte. Ohne die historisierenden Charakteristika wie Gesimse, Stuckdekorationen und Architrave, ganz zu schweigen von Portalen, wird die Aufmerksamkeit auf Einzelteile wie Wasserhähne, Handläufe und Lampen gelenkt oder auf die Art und Weise, Bilder aufzuhängen oder Möbel zu gruppieren. Sofern architektonische Details oder industrielle Einrichtungen geblieben sind, können sie in den Gesamtentwurf integriert werden.

1 Farbe kann bei der Charakterisierung des Raums eine wichtige Rolle spielen. In dem bewußt dunklen Eingangsbereich zu dieser Scheune an der Nordküste von Norfolk wurde die geschwungene Treppe in meergrüner Farbe gestrichen und führt zu dem lichtdurchfluteten oberen Geschoß des Gebäudes.

2 Ein wichtiges Problem der Möblierung ist die Frage der Stauräume, die flexibel, das heißt mobil, oder stationär gelöst werden kann, wie in diesen maßgefertigten Elementen, die gleichzeitig als Trennwände dienen.

5

Raumkünste

Farbe

»Ich liebe Farben, wenn sie nicht zu aufdringlich sind … sie kommen mit dem Leben, von den Blumen, den Tellern, der Kleidung der Leute … Deshalb braucht man in der Dekoration nicht soviel davon«, kommentiert Andrée Putman, die monochrome Räume als Grundlage für farbenfrohes Wohnen favorisiert. Ein neutraler Rahmen bietet die Möglichkeit, Farben zu inszenieren. In offenen Räumen können Farben dazu eingesetzt werden, Bereiche abzutrennen oder zu verbinden. Wenn, wie Psychotherapeuten glauben, unser Verhältnis zu Farben emotional geprägt ist, wird der eine voll Elan die Hintergründe in kühnen Farben gestalten, ein anderer sie neutral halten und lieber mit den natürlichen Farbvariationen von Holz und Stein, Backstein und Putz arbeiten.

Die Ausrichtung eines Raums kann einen Einfluß auf die Farbgebung haben: Natürliches Licht, das durch die Fensterwand oder das Oberlicht eintritt, dämpft grelle Farben und macht einen völlig weißen Raum noch heller, während Schatten auf einer farbigen Wand deren Wirkung vollkommen verändern können.

Kühne Farben können auf großen Flächen überwältigend wirken, daher sind farbige Trennwände oder Wandschirme, die nur Farbakzente setzen sollen, einfacher zu handhaben. Außerdem beeinflussen sich Farben in offenen Räumen gegenseitig. Daher sollte man, bevor man kräftige Farben aufträgt, überlegen, wie die Umgebung das Endresultat bestimmen wird: ein gelbes Quadrat, in Weiß gerahmt, wird kleiner wirken als das gleiche Quadrat, wenn es in Schwarz gerahmt ist, und ein schwarzer Rahmen wird im Gegensatz zu einem weißen in den Vordergrund treten. Die Farbnuancen verändern sich ebenfalls, so wirkt Gelb vor weißem Hintergrund stärker zitronengelb als vor schwarzem Hintergrund.

Eine zarte Palette kann interessant wirken, wenn sie von einem nüchternen Minimalismus und Möbeln mit einfachen Linien begleitet wird.

1 Wo keine starken Farben vorherrschen, sollte man versuchen, die architektonischen Merkmale, wie diese Doppeltüren, zu betonen.

2 Weiße Wände, weiße Vorhänge und ein weißes Podest ergänzen das weiße Leinenbett. Der skulpturale Charakter eines dunklen Holzkanus aus Thailand, das entlang der Wand in Bob Callenders und Liz Ogilvies umgebautem Kino in Schottland aufgestellt ist, wird zum Blickfang in dem monochromen Raum.

1 Der Umbau einer Kirche in Südafrika zeigt, wie ein Raum mit hoher Decke und ›gotischen‹ Bogen in kräftigen Farben wirkt. Der Künstler Beazy Bailey strich die rohe Backsteinwand indigoblau, die Holzkonstruktion in Aquamarin und wählte purpurrote Gardinen über die gesamte Höhe als Pendant zur auffälligen Decke.

2 Rote Akzente durch das Poster und den Sessel verleihen dem nackten Zementfußboden in diesem weißgestrichenen umgebauten Lager in Melbourne Glanz.

Farben verändern die Dimensionen eines Raums, daher lassen viele verschiedene Farben einen sparsam möblierten Raum voller erscheinen. Warme Töne wie Rot, Orange oder Gelb bringen eine Oberfläche optisch näher, und harte, kontrastierende Farbakzente verstärken sich gegenseitig. Häufig bringen auch Möbelstücke die fehlenden Farben in die kühl wirkenden offenen Räume. Die Kombination der Farben, der Beleuchtung und der Größe des Raums bestimmt das Gesamtgefühl, ob kühn oder zurückhaltend, zeitgenössisch kühl oder rein dekorativ.

Mit Hilfe eines großflächigen Farbmusters kann man den Einfluß von Tages- und Kunstlicht auf die Farbwirkungen deutlich beobachten. Oberflächenstrukturen und Materialien beeinflussen die Wahl der Farbe. Rohe Backsteinwände oder Putz, getäfelte Wände oder Bodendielen, alle absorbieren und reflektieren Licht und damit die Farben unterschiedlich. »Man sollte die Farben für große Oberflächen in großen, offenen Räumen nie zu früh festlegen«, ist der vorsichtige Rat von Ken Charles, der eine Fabrik für Veterinärmittelbedarf aus den 40er Jahren in Melbourne umbaute. Schließlich brachte er mit Materialien Farbe in den Raum – Glas mit grünen Kanten, Sandstein für den Boden, unverputzte Backsteinwände und weiße Holzkonstruktionen.

Bewohner städtischer Lofts favorisieren häufig große, offene, weiße Räume mit Farbtupfern in Form von Sofas, Teppichen oder Bildern. Ein neutraler Hintergrund ermöglicht eine größere Kontrolle über die Farbe in einem umgebauten Raum, wo Einzelheiten zum Blickfang werden. Bei der Gestaltung eines völlig weißen, offenen Wohnraums in einer ehemaligen Schule bildeten die Lampenschirme aus Muranoglas die einzigen Farbakzente, die der Architekt Brian Ma Siy zuließ.

Ein besonderer Reiz beim Umbau von industriellen Räumen ist die Freiheit, Wände in kräftigen Farben und Mustern zu gestalten, wie es in einem normal großen Raum nicht möglich wäre. Eine vorhandene Wand kann so gestrichen werden, daß sie entweder die räumlichen Trennungen zwischen einem Wohnbereich und einem angrenzenden Eßbereich bezeichnet oder eine Galerie vom Erdgeschoß trennt. Gestrichene Wände können eine Treppe oder einen Eingangsbereich hervorheben, um ihn räumlich zu unterscheiden. Selbstbewußte Künstler streichen ihre Wände in

mehreren kräftigen Farben, wobei die Farbflächen wie abstrakte Bilder aufgeteilt sind. Der Künstler Andrew Logan und der Architekt Michael Davis erhöhten die Wände in ihrer Autowerkstatt aus den 50er Jahren und strichen sie dann blutorangenrot, die zwei großen Türöffnungen wurden im Blau von Yves Klein gerahmt. Durch das verglaste Dach badet das Sonnenlicht diese Wände in blendender Helligkeit.

Farbige Böden erhält man durch Streichen oder mit Teppichen und Brücken. Wenn die Dielen nicht ersetzt werden müssen, sollte man in Erwägung ziehen, sie in stark frequentierten Bereichen mit einer hochglänzenden Farbe zu streichen, wobei die Fugen in einer Kontrastfarbe betont werden, oder wie der Designer Ross Lovegrove und die Architektin Miska Miller, die die alten Nagellöcher mit Karosserie-Spachtelmasse in kontrastierender Farbe füllten. Bodenbeläge können Grenzen vorgeben und Sitz- und Eßbereiche markieren. Ein Teppich in einer kräftigen Farbe im Wohnbereich wird zum Zentrum, um den Sofas und andere Sitzgelegenheiten gruppiert werden können.

1 Das leuchtende Blau der Wände in einer umgebauten Bank veredelt die weißen Fenster.

► *Im Uhrzeigersinn von oben links:* Terrakotta in einer Fabrik in Toronto · Indigo rahmt ein Bullaugenfenster · Grelles Pink und Violett · Blaugrüne Akzente als Hauptthema · Ein orangefarbener Küchenwandschirm · Strahlendgelbe Wände mit einer mintfarbenen Decke.

Aufgetragene und dann mit einem Tuch oder Schwamm in den Putz eingeriebene Farbpigmente verleihen einer neu verputzten Wand eine lebendige Patina.

1 Die mit einem Hauch Purpur versetzte graue Wand im Bad von Laurence Kriegels Loft wird von den glänzenden Messingarmaturen, einem altertümlichen weißen Waschbecken und einer Schiffslampe akzentuiert. Der ovale Spiegel erlaubt einen Blick auf ein gegenüberliegendes Regal und das Fenster.

2 In einem umgebauten Saatlager in San Antonio (Texas) erzielte das Einreiben von Pigmenten in den Tönen Lavendel und Ocker in den frischen Feinputz eine überaus dramatische Wirkung. Diese subtile Farbwirkung wird durch eine schlanke Säule in Purpur unterstrichen.

Bei Umbauten von ländlichen Objekten scheint die Farbwahl auf natürlichere Weise entschieden zu werden. Jeder im Dorfladen in Lenox (Massachusetts) erinnert sich an die neuen Besitzer einer umgebauten Wagenscheune, Rodney Ripps und Helen Verin, die einen Topf mit Kürbissuppe mitbrachten und nach einer Farbe in genau dem gleichen Ton fragten. Jetzt sind die großen Küchenwände in dieser unverkennbaren Farbe gestrichen, wobei die Holzzierleisten und die kreuzweise verstrebten originalen Stalltüren in Curry akzentuiert sind. In starkem Kontrast zum Wohnbereich haben sie ihr Büro in der Farbe von Roter Bete gestrichen.

Man sollte den Mut aufbringen, sich bei der Farbwahl von der Umgebung inspirieren zu lassen. Die Farbpalette in Martha Stewarts Haus, der Herausgeberin einer Lifestyle-Zeitschrift, wurde von der Farbe des Gefieders der Hühner inspiriert, die sie sich hält.

Ob man nun die kräftigen Farben für die Accessoires vorsieht oder kühn an einer großen Fläche experimentiert, der einfachste Weg, um festzustellen, mit welcher Farbe man leben will, ist, sie in verschiedenen Variationen auf etwas Mobilem auszuprobieren, bevor man eine große Fläche damit streicht. Teppiche kann man hier und dort hinlegen, Stoffbahnen und Überwürfe neu arrangieren, Wandschirme an den unterschiedlichsten Orten aufstellen. Farben auf großen Flächen sollten die letzte Entscheidung sein, da sie die unmittelbare Atmosphäre des Raums beeinflussen.

5 Oberflächen

Die Wirkung eines Raums ist auch eine Frage der Oberflächenstrukturen von Wänden, Böden und Möbeln; sie beeinflussen die Art und Weise, wie das Licht und der Schall reflektiert oder absorbiert werden. In Kombination mit Farbe oder als Belebung einer monochromen Farbgebung vermittelt die Oberflächenstruktur über ihre sichtbare Wirkung hinaus auch den greifbaren Eindruck eines Raums. Die freigelegten Baumaterialien einer Fabrik oder einer Scheune – Stein, Backstein, Beton, Rauhputz, Holz – bringen Strukturen hervor, die sich von den glattverputzten Wänden eines traditionellen Hauses unterscheiden. Um mit der industriellen Atmosphäre eines Raums leben zu können, müssen diese harten Oberflächen bearbeitet und mit anderen Materialien ergänzt werden, die ihrer Struktur antworten. Aus diesem Grund eignen sich Mattglasbausteine so gut als Trennwände innerhalb von glatten Beton- oder Backsteinwänden. Einen auflockernden Kontrast zur harten industriellen Oberfläche bieten Textilien an Wänden und Fenstern sowie auf Böden.

Die Unverfälschtheit der Materialien ist bei jedem Umbau wichtig, selbst wenn die moderne Lösung mit der ursprünglichen Architektur bricht. Innenwände aus Holz oder Stein in landwirtschaftlichen Gebäuden können mit Stahlplatten oder Wellblech sowie schweren Stoffen verkleidet werden, um die Wirkung der

1 Ein Strukturwechsel kann die Verhältnisse klären. Glatte weißgestrichene Wandschirme bezeichnen den Wohnbereich, darüber liegen die rohen, von Scheinwerfern angestrahlten Backsteinwände; weißgestrichene, verstärkte Stahlstützen erstrecken sich über die gesamte Höhe des Raums.

2 In einem umgebauten belgischen Chemielabor liegt ein grasgrüner Teppich auf Korkboden. Ein aufrecht stehender Holzbalken korrespondiert mit einer dunkel gestrichenen Säule.

3 Ein Raum mit einer einheitlich weißen Farbgebung wird durch die unterschiedlichen Oberflächenstrukturen von Holz, Leinenjalousien und getünchten Wänden lebendig. Ein Holzrost und ein Brennholzkorb auf den hellen Birkendielen erhöhen die Strukturvielfalt; über der Tür hängt eine lavierte Sepiazeichnung, die den Blick nach oben lenkt.

3

1 Eine blaue Wand in einem hellen, kühlen Raum mit Holzfußboden schafft einen intensiven Farbakzent. Die karierte Polsterung der Stühle und der Liege nimmt das Blau wieder auf.

2 In der umgebauten normannischen Scheune von Julie Prisca bildet der quergestreifte Vorhang einen Strukturkontrast zur senkrecht mit Nut- und Federbrettern getäfelten Wand. Im Wohnbereich hängt ein längsgestreifter orientalischer Teppich vor einer Backsteinwand.

Masse und Schwere zu mildern. In einem Cottage in Essex, das ein Holzskelett und getünchte Flechtwerkwände hat, brachte der minimalistische Architekt John Pawson niedrige, weiße Wandschirme an, um Unterteilungen zu schaffen, die mit der ursprünglichen Baumasse harmonieren. Anstatt Fliesen zu legen, mischte er Pigmente in Beton und erhielt einen silbrigen, feuchtglänzend wirkenden Boden, der nicht von Fugen unterbrochen wird. Das macht ihn zum perfekten Fundament für die komplizierte Geometrie der originalen Fachwerkstruktur und die später hinzugefügten glatten, weißen Wandschirme.

Welche Bedeutung das richtige Gefühl für die neuen Materialien hat, zeigt der Innenarchitekt John Stefanidis bei seinem Umbau einer Molkerei. Ursprünglich war der Erdboden mit Stroh und Schmutz bedeckt. Um ihn bewohnbar zu machen, wählte er einen Backsteinboden – die naheliegende Idee, Terrakottafliesen zu verwenden, verwarf er, sie hätten eine zu mediterrane, hier unpassende Note eingebracht. Er zog auch Holz in Betracht, aber das hätte beim Gehen nicht den richtigen Klang ergeben.

Eine Möglichkeit, die alten Strukturen wiederherzustellen, besteht darin, gebrauchtes Material wiederzuverwenden. In Australien suchte der Architekt Glenn Murcutt recyceltes Holz für die Wände und Böden eines umgebauten Traktorschuppens, der aus dem Holz des Klebbaums *(Tallowtree)* bestand – wie er immer noch auf dem Anwesen wuchs –, weil die breiten Bretter aus abgelagertem Holz besser zum Alter der Scheune paßten.

Als Ross Lovegrove und Miska Miller ihr Londoner Lagerhaus aus den 50er Jahren in einen Arbeits- und Familienwohnraum umgestalteten, testeten sie eine Reihe von Materialien in ihrem weißwandigen, offenen Apartment mit Holzfußboden. Die ursprünglich kleinen Fenster wurden mit Neonröhren, die in den galvanisierten Stahlrahmen gesetzt wurden, optisch vergrößert. Flugzeugbodenbeläge aus Glasfasern mit Wabenstruktur, ein Material, das Designer wegen seiner Zugfestigkeit und Leichtigkeit schätzen, wurde für die Küche und das Bad verwendet. Ein hölzerner Eßtisch, groß wie für ein Bankett, den Ross entwarf, wird von vier Stahlsäulen getragen, die gleichzeitig Deckenfluter enthalten. Ihr Waschbecken ist aus der sehr leichten und festen Kohlefaser geformt.

Schon eine Änderung der Methode des Farbauftrags kann unterschiedliche Strukturen hervorbringen: Sprühen auf verputzte Wände, wie in der Autoproduktion, erzeugt wie poliert erscheinende Flächen, während der Handanstrich oder das Einreiben mit Schwämmen und Tüchern eher rustikale Wirkungen zeigen. Alternativ kann auch das Stoffmuster und die Gewebeart der vorhandenen textilen Einrichtungen verändert werden, man sollte dieses

Mittel aber mit Vorsicht einsetzen. Ungesäumte Sackleinen- oder Segeltuchvorhänge können konventionelle Vorhänge ersetzen. Ihre schwere Qualität bildet eine ideale Ergänzung zum harten, industriellen Inneren. Manchmal kann auch eine vollkommene Veränderung reizvoll sein. Ihr Londoner Loft erhielt einen viel persönlicheren Charakter, als Joseph Corré und Serena Rees die raumhohen Vorhänge mit den riesigen, mehrfarbigen Tupfern aufhängten, die von der Modedesignerin Vivienne Westwood, Josephs Mutter, entworfen worden waren. Vivienne Westwood entwarf auch einen Leopardenfellüberwurf, der auf ihrem schwarzen Steppbett ausgebreitet ist. Sinnliche, weiche Materialien wurden auch von Ross Lovegrove und Miska Miller gesucht, die ihre Stapelkisten für Kleidung hinter zinn- und goldfarbenen Vorhängen aus weichem Gummi verbargen, einem an sich eher industriellen Material.

◄ *Im Uhrzeigersinn von oben links:*
Türen mit vertikalen Ausschnitten des Designers Ross Lovegrove · Die Struktur des geätzten Glases wiederholt sich im Geflecht des Stuhls · Alte Dachsparren in einer von William Leddy umgebauten Scheune offenbaren den Ursprung des Gebäudes und werden mit neuen Stahlträgern kombiniert · Ein polierter Zementboden bildet den Untergrund für eine gekrümmt verlaufende Holztrennwand.

1 Eine Betonplatte, die einen eingebauten Kamin kontrastierend rahmt, leistet einen Beitrag zu den unterschiedlichen Strukturschichten dieses zeitgenössischen Interieurs.

5 Möbel

Die alten Regeln, nach denen die Räume die Anordnung der Möbel bestimmten, existieren nicht mehr. Stuhlpaare oder Sofas auf jeder Seite des Kamins, einen Schreibtisch am Fenster, ein Stuhl mit Armlehnen am Kopf des Tisches, das übliche Eltern-Schlafzimmer mit angrenzendem Bad, alle diese Einrichtungsmuster gehören der Vergangenheit an. In einem umgebauten Raum sind die Möbel mobil, zwanglos und flexibel. Innenausstatter mußten lernen, ohne Raumplan einzurichten, und folglich sind weite, offene Räume heute mit informellen, fließenden Arrangements ausgestattet. Die Flexibilität entspricht einem zwangloseren Lebensstil. Bei der Möblierung kann man die unterschiedlichsten Wege einschlagen, aber man sollte seine bevorzugten Farben und Oberflächenstrukturen nicht aus den Augen verlieren. Auch sollte man daran denken, daß die Raumhöhe die Größenverhältnisse der Möbel verändert. Eingebaute Maßanfertigungen, die das Beste aus großen Räumen machen sollen, sind die kostspieligste und unflexibelste Lösung; Stücke vom Flohmarkt oder Gebrauchtwarenhändler sind die preisgünstigste. Man kann sich auch vom neuesten Wohntrend in Lofts mitreißen lassen und kaufe sich den modernsten Designer-Stuhl oder einen modernen Möbelklassiker.

1 In Craig Ports umgebautem Lagerhaus in Kapstadt sind die Grenzen zwischen Möbeln aus Trödelläden und einer Le-Corbusier-Liege fließend.

2 Leoparden- und Tigerfellimitate, ein Chesterfield-Ledersofa und ein Zebrafell schaffen ein üppiges Interieur in einer umgebauten Schule, die einem Videoproduzenten gehört. Alles wirkt altertümelnd – Achille Castigliones Hängelampe ist das einzige moderne Designelement.

3 Im umgebauten Lagerhaus der Modeschöpferin Sue Skeen in London sind die Lehnsessel vom Trödelhändler mit einfachen, weißen Polsterbezügen versehen.

Frank Lloyd Wright beobachtete, daß »Menschen die Gemeinschaft suchen, zusammensitzen oder sich zurücklehnen, sich gegenseitig zum Teufel wünschen und dann wieder gemeinsam essen«. Daher gab er Einbaumöbel in Auftrag, die dem Stil seiner Architektur angemessen waren, anstatt seinen Kunden zu erlauben, in seine stilistisch einheitlich gestalteten Prairie-Häuser einzuziehen und den gesamten Raum mit Wohnzimmersuiten in seidig glänzendem Velours und Walnußfurnier zu füllen. Heute werden wieder Einbaumöbel gebaut, die zum Stil der Architektur und zur Größe der industriellen Räume passen. In ihrem in sich offenen, fensterlosen Lagerhaus in London errichteten Jan Kaplicky und Amanda Levete eine niedrige, etwa zwei Drittel der Raumhöhe einnehmende, gewundene Wand aus Spanplatten, die zum einen als Möbelstück und zum anderen als Raumteiler dient. Sie umgibt das Bad und die Küche wie ein Wandschirm und endet nach Umrundung des Bettes. Anstelle von

2

3

Sofas und Stühlen haben Kaplicky und Levete ein Podest in der Mitte ihres offenen Wohnbereichs gebaut, und darin eine Nische für das Fernsehgerät eingerichtet. In die gepolsterten, organischen Formen im Podest kann man sich hineinkuscheln.

Die Alternative zu Einbaumöbeln sind Möbel, die man stapeln, zusammenklappen oder auf Rollen im Raum bewegen kann. In großen, offenen Räumen ist es vorteilhaft, ein flexibles Möblierungsschema zu entwickeln, wenn Freunde kommen, wenn man mit seiner Sitzgelegenheit den letzten Strahlen der Abendsonne folgen möchte oder wenn einmal mehr Arbeitsfläche, beispielsweise in der Küche, benötigt wird. Man kann einen Stuhl oder sogar einen Aktenschrank auf Rollen so leicht wie einen Staubsauger herumfahren, klapp- oder stapelbare Möbel können im Handumdrehen in einen Eßtisch verwandelt werden.

Geduldiges Suchen bei Händlern für historisches Baumaterial und auf Auktionen kann sich bezahlt machen, da man gelegentlich preisgünstige Dinge entdecken kann. Ausgemusterte Möbel aus Krankenhäusern wie Spinde, Waschtische und Betten können einen Schlaf- oder Badbereich ausstatten. Alte Heizkörper, Schulwaschtische und Büromöbel aus den 50er Jahren passen sich überraschend leicht dem häuslichen Gebrauch an. Brauchbares findet man auch in anderen ungewöhnlichen Quellen. Seile und Klampen von Bootsausstattern dienen als Treppengeländer, während Hängematten an und unter Dachsparren aufgespannt werden können. Im Künstlerbedarf findet man eine große Auswahl an stabilem Papier, Ablagen und Kästen, Läden für ausgemusterte Armeebestände verkaufen metallene Aufbewahrungskisten und Decken, die als Sofaüberwürfe dienen können, und im Gastronomiebedarf erhält man Stahlwagen oder Schienen zum Aufhängen von Küchenutensilien. Man kann eine alte Laderampentür mit ihren eisernen Querstreben in einen Tisch auf Böcken verwandeln und dazu stapelbare Stühle oder Klappstühle kaufen. Ein alter Lagerhausschrank auf Rollen wird neben den Ofen geschoben. Wände werden mit Taschenbüchern auf Metallregalen isoliert, und auf einer ausgedienten Flughafentreppe kann man jedes Buch erreichen. Obstkisten zum Stapeln in der Speisekammer oder

1 Ross Lovegrove hat für sein umgestaltetes Lagerhaus in London sowohl die farbigen Stapelstühle als auch die Tischbeine entworfen, die gleichzeitig als Deckenfluter dienen.

2 Aufbewahrungscontainer aus Spanplatten, durch Rollen mobil, können kurzfristig als Trennwand eingesetzt werden.

3 Tiefe Kabelschächte im Fußboden eines umgebauten Kraftwerks in Texas wurden verglast. Die Möbel, die alle auf Rollen stehen, scheinen sich entlang dieser Spuren zu bewegen.

4 Der Unterbau eines Eßzimmertisches ermöglicht es, ihn in jede Position zu schieben.

1 Sein Apartment in einer ehemaligen Kleiderfabrik gestaltete der New Yorker Innenarchitekt Vicente Wolf als schlichten weißen Raum, dekoriert mit einfachen weißen oder einfarbigen Gegenständen. Die Fußböden bestehen aus weißlackiertem Beton mit einem quadratischen Fugenraster. Auf dieser Hochglanzoberfläche bilden der Directoire-Stuhl und der niedrige indonesische Tisch mit den Fotografien ein kleines Stilleben.

2 Dieses New Yorker Loft erhält durch italienisches Glas, einen Tisch von Philippe Starck, eine Vase und einen Hocker von Gaetano Pesce sowie eine Lampe aus Muranoglas von Venini einige kräftige Farbtupfer.

3 Ein altes Möbel wie dieser Ledersessel, der neben einem modernen Zeitschriftentisch und einem weißen Sofa auf Rollen steht, kann einem umgebauten Industrieraum Charakter verleihen.

ein Reagenzglasregal, das als Gewürzregal dient, würde in einem herkömmlichen Haushalt befremdlich wirken, doch ein umgenutzter Raum bietet endlose Gelegenheiten, industrielle Gegenstände zu verwenden und das häusliche Leben abwechslungsreicher zu gestalten.

Kombinationen aus zeitgenössischen und traditionellen Möbeln erzielen ihre beste Wirkung, wenn sie in der Größe aufeinander abgestimmt sind. Massive Sofas mit verschnörkelten Armlehnen und Klauenfüßen, Schränke mit massiven Füßen und Kommoden mit Marmorplatten können sich gegen großvolumige Stücke und industrielle Räume besser behaupten, als dies bei zierlicheren Antiquitäten der Fall ist. Dennoch kann man in Antiquitätenläden traditionelle Möbel finden, die auch hier nicht fehl am Platz wirken, und zwar aus Epochen, in denen man großzügig mit Raum umging, wie im Biedermeier oder Directoire. Der New Yorker Innenarchitekt Vicente Wolf stattete sein eigenes 185 m² großes Apartment in einer alten Kleiderfabrik im Zentrum Manhattans mit einer Sammlung von Antiquitäten aus, die er vor weiße Wände stellte. Die Betonböden sind mit einer glänzenden Schiffsdeckfarbe ebenfalls weiß gestrichen. In diesem makellos weißen Raum stehen kleine Gruppen vergoldeter und Rokokostühle, ein französischer, abgebeizter und gekälkter Eichenschrank aus den 40er Jahren und niedrige Rajasthan-Tische aus Bronze und Holz kühn neben Skulpturen aus Thailand, Kruzifixen aus aller Welt, einer Sammlung Schwarzweißfotografien und einem Original von Raoul Dufy.

Hinter der imposanten Fassade des ›Palazzo‹ von Carol und Philip Thomas sind klassische Möbel in Gruppen von palastartigen Dimensionen angeordnet. Obwohl ihr falscher Marmorboden aus Linoleum besteht, verteilt Carol Antiquitäten, Brokat und Seidenstoffe vor den Zementwänden und akzentuiert diese Fülle mit ungesäumten Sackleinenvorhängen an den Fenstern. Die Küche ist mit amerikanischen Großküchengeräten aus den 50er Jahren und einem französischen Kronleuchter ausgestattet.

Der Architekt Glenn Murcutt betonte die Modernität seines umgebauten alten Traktorschuppens, indem er den gesamten Raum mit modernen Klassikern einrichtete: Arne Jacobsens Stuhl teilt den Raum mit Betten von Alvar Aalto und Stühlen von Le Corbusier.

2

3

Die Künstleragentin Antonia Polizzi wohnt in einem ehemaligen Farbenlager, in das der Architekt John Beckmann grazile, aber schwere Eisenpfeiler zur Unterbrechung des offenen Raums einzog. Vor einer Wand aus Mattglas sind Antiquitäten mit modernen Memphis-Möbeln arrangiert, die überwiegend in Weiß und Schwarz gehalten sind und so die grafische Vorliebe der Besitzerin spiegeln. Die Möblierung ehemaliger Produktionsstätten offenbart häufig die individuelle Begeisterung der Besitzer für Design-Klassiker des 20. Jahrhunderts und zeitgenössische Designer-Möbel.

5 Details

Früher, als jeder Raum eine eindeutige Funktion hatte, war das Arrangieren von Details so einfach wie das einfache Ansammeln von Dingen, die einem etwas wert waren. Ein Gemälde, schönes Porzellan, einige Bücher, ein Obelisk und ein Souvenir von den Auslandsreisen – auf jedem der Fotos kann man sie hier sehen. Diese vielen kleinen Dinge machen uns unsere Räume erst zur gewohnten wie liebenswerten Umgebung, und sie offenbaren etwas von unserer Persönlichkeit.

An zwei Beispielen läßt sich ablesen, wie wichtig diese letzte Feinabstimmung der Details ist, daß sich damit erst zeigt, ob die Einrichtung eines Apartments gelungen ist: zum einen ein großer, offener, heiterer Raum mit Ausblick auf die Dächer der Stadt; zum anderen eine eher dämmrige Höhle, die ein wenig beengend wirkt. Beim ersten Apartment lenken einfache weiße Wände den Blick des Betrachters auf die offenen Fenster, wo bequeme Clubsessel in Gruppen um Tische stehen. Hohe Lampen mit Metallschirmen verbreiten ihr Licht dort, wo es benötigt wird, während Deckenfluter für ein weicheres, allgemeines Lichtambiente sorgen. Topfpflanzen sowie weiße Rosen und Lilien in Glasvasen, die etwas abseits der frequentierteren Bereiche stehen, verströmen angenehme Düfte. In dem anderen Apartment steht ein Sofa verloren vor der Fensterreihe, die im leeren Raum verstreuten Tischlampen müssen alle einzeln angeschaltet werden, so bleiben viele dunkel – und nichts ist geisterhafter als weiße Lampenschirme ohne Licht. Wie auch immer die Raumdimensionen sind, erst das Zusammenspiel aller Dinge zeigt, ob man sich in einem Raum wohl oder verloren und nicht willkommen fühlt.

In umgewidmeten Räumen finden sich immer noch architektonische oder andere Relikte ihrer ehemaligen Bestimmung wie etwa ganz einfache eiserne Stützen und frei liegende Deckenträger, oder eher Ungewöhnliches wie Kupfertonnen, die einst zum Lagern von Hopfen dienten, oder Ringe, an denen Futtersäcke für Pferde hingen. Diese baulichen Souvenirs verleihen den Räumen mehr Charakter, als normale Wohnungen jemals hoffen können zu erlangen. Anspruchsvolle architektonische Details wie Gesimse und Stuckdekorationen sind wahrscheinlich in den meisten Gebäuden nicht vorhanden – es sei denn, es handelt sich um ein neoklassizistisches Bauwerk wie eine alte Bank, aber das heißt nicht, daß man sie nicht auch noch nachträglich anbringen könnte. Wie erst der richtige Rahmen ein Gemälde vollendet, so können ein postmodernes Giebel-

1 Die vergrößerte Kopie des Entwurfs eines Löffels von Ross Lovegrove belebt das Arrangement seiner Stühle und Noguchi-Laternen.

2 Letraset-Bögen, Postkarten, Polaroidfotos und Zeitungsausschnitte in einem Stahlrahmen aus dem Theaterfundus ziehen den Blick auf sich.

3 Die ehemalige Schuhfabrik, die der Künstlerin und Glasdesignerin Marie Ducate gehört, wird von einer aufregenden Mischung von Mobiliar aus unterschiedlichen Stilepochen belebt.

dreieck einer frei stehenden Trennwand oder Stuckdekorationen einem abgeschlossenen Bereich wie einem Bad einen ganz besonderen Charakter verleihen.

Andere Details entstehen nahezu von allein, wenn die Einrichtung fortschreitet. Schattenkanten sind heute ein beliebtes stilistisches Detail, wenn man die Außenwände verputzt. Eine feine, tief in den Verputz geritzte Linie, 6 mm oberhalb der Stelle, wo die Bodendielen an die Wand reichen, wecken den Anschein, als würden die Dielen unter der Wand weitergeführt. Auch können eine auffällige Tür zum Bad, die so sanft und lautlos schließt wie die Tür eines teuren Autos, oder eine Wendeltreppe in der Mitte einer Etage, die den Raum teilt und den Blick auf eine Galerie darüber lenkt, bauliche Akzente setzen, die einem großen Raum den letzten stilistischen Schliff geben. Wenige, geschweige den standardisierte Türen zu haben, heißt, daß jeder Übergang von einem Raumteil in den anderen individuell ist. Und man sollte Ideen und Geld am besten in eine einzige, monumentale, maßgefertigte Tür mit hochwertigen Scharnieren und einem Türgriff investieren, der der Hand schmeichelt. Erfolgreiche Arrangements benötigen einen Blick-

fang, der den Großteil der Aufmerksamkeit auf sich zieht. Das können Bilder an weißen Wänden sein oder einzelne außergewöhnliche, auffällig dargebotene Objekte. Als er mittellos war, wartete der amerikanische Designer Vicente Wolf stundenlang in der Kälte vor dem Tor eines Händlers für historisches Baumaterial, um eine französische Kamineinfassung aus den 20er Jahren aus grünem Marmor zu kaufen. Erst als er nach Hause kam, fiel ihm ein, daß er gar keinen Kamin hatte. Jetzt wird die Einfassung von seiner Sammlung Schwarzweißfotos gerahmt – ein Bild einer Blume von Irvin Penn nimmt dabei die Funktion des Ofenschirms ein. Auch die Blumen im Haus sind immer weiß: Tuberosen in asiatischen Übertöpfen und Taglilien in hohen Glaszylindern stehen auf weißem Boden. An den vom Boden bis zur Decke reichenden Stahlrahmenfenstern gleiten weiße Jalousien bis zur Höhe eines Sofas; eine blattreiche Zimmerpflanze filtert das Licht und bringt einen Farbtupfer in den Raum.

Während umgenutzte industrielle Bauten frei von Sentimentalität bleiben, wenn auch nicht immer ganz ohne Kitsch, kann das von Renovierungen auf dem Land nicht behauptet werden. Die Anhäufung von Binsen- und Weidenkörben, alten Heugabeln, Sätteln und Geschirren, Wetterfahnen und Laternen machen die Wohnungen leicht zu einem thematisch gestalteten Freizeitpark. Gegenstände aus landwirtschaftlichem Zusammenhang als Dekoration müssen überlegt in den Raum eingepaßt werden. Zwei kalifornische Sammler von amerikanischer Volkskunst haben dies an einem gelungenen Beispiel demonstriert: Ihre Scheune in Neu-England wurde als Ausstellungsraum für ihre sorgfältig zusammengestellte Sammlung eingerichtet. In dem offenen Raum findet man Holzschalen, Meßbecher, Getreidemühlen und Schleifgeräte, Truhen, Ohrensessel, Flickenteppiche und Hirschgeweihe sowie elegante Stühle und Bänke, die einen puritanischen Funktionalismus verraten. Jedes Stück ist sorgfältig plaziert, um die Qualität des Gegenstands nicht in der Quantität der Sammlung untergehen zu lassen. Nicht jeder sammelt Antiquitäten oder zeitgenössisches Design, aber auch kleine Objekte können schon durch ihre Funktionalität wertvoll sein. Der Rat von Terence Conran, daß »einfache, schlichte Dinge auffälligen, komplizierten überlegen sind«, gilt für einen Türgriff ebenso wie für ein Sofa. Jedes Detail macht den Raum einzigartiger, trägt zu seinem Ambiente bei und entscheidet schließlich mit darüber, ob der Umbau einer ungastlichen, nüchternen, ehemaligen Arbeitsstätte in eine freundliche, zeitgemäße Wohnung gelungen ist.

1 Die exponierte Säule gibt dem großen, monochromen Raum ein neoklassizistisches Aussehen. Eine Sammlung von Schwarzweißfotografien bietet einen Hintergrund für die Stahl-Leder-Sessel von Eileen Gray aus den 20er Jahren.

► *Jeweils von links nach rechts; oben:* Türgriffe aus Stangen in einem metallenen Einsatz · Ein rechteckiger Türeinschnitt greift in die gegenüberliegende Umrandung ein · Kreise aus Spanplatten auf einer grauen Tür erinnern an einen Bodenbelag mit Gumminoppen.
Mitte: Glasplatten in Treppenabsätzen verleihen einem schwarzen, verstärkten Stahlträger einen gewissen Schick · Die Löcher in den Treppenstufen sind mit Karosseriespachtelmasse in unterschiedlichen Farben verspachtelt, die Treppe ist mit gelbem Acryl verkleidet · In Abständen gespannte Drahtseile dienen als Geländer – eine Idee aus dem Schiffsbau.
Unten: Ein surrealistisches Arrangement über das Vergehen der Zeit von Vicente Wolf · Lichtschalter können eine Wandfläche stören – eine verchromte Tafel für Schalter ist eine ästhetische Lösung · Altes und Modernes steht im Kontrast bei einer Scheunenrenovierung, farbenfrohe Drähte bleiben in einer Holzöffnung sichtbar.

1

Die normannische Scheune

Eine Palette blasser Farben

Der Um- und Ausbau einer Scheune aus dem 17. Jahrhundert, die mitten in einer Apfelplantage und auf saftigen Weiden steht, die typisch für diese Region in der Normandie bei Montchaton sind, zeugt sowohl von dem Geschick der Bauleute vor 300 Jahren als auch von der kühnen Entscheidung des neuen Besitzers, des in Rußland geborenen Künstlers Yuri Kuper.

In seiner Malerei »entfaltet Yuri Kuper alltägliche Objekte in poetischer Meditation«, wie Peter Selz im Katalog zu Kupers Ausstellung im Puschkin-Museum in Moskau 1995 bemerkte. Tintenfässer mit einem einzelnen Kleeblatt, altes Zeitungspapier, Briefständer, leere Bilderrahmen, Kisten, Teller, Bürsten und Schichten von Papierschnipseln vor zinnernem Hintergrund – all dies weist auf Kreativität in vielen Bereichen hin. Die Farben sind gedämpft, die Botschaft ist mehrdeutig: etwas Altes, etwas Neues. Als Maler, Bildhauer und Grafiker »erkennt Yuri Kuper provokative Formen, Oberflächen und Farbtöne im Abfall unserer Wegwerfgesellschaft«, wie Robert Flynn Johnson schreibt. Als der Künstler die verlassene Scheune in der Normandie kaufte, wollte er daher den Geist – und die Konstruktion – des ursprünglichen Gebäudes bei seinem Umbau zu einem Arbeits- und Wohnraum beibehalten.

Die Fachwerkscheune, deren Gefache mit Lehm aus den örtlichen Töpfereien aufgefüllt waren, wurde durch ihr Schieferdach gut geschützt. Yuri Kuper kaufte eine zweite Scheune und zerlegte sie mit Hilfe des Architekten Jacques Marc, der auf die Erhaltung alter Holzrahmenkonstruktionen spezialisiert ist. Mit diesem Material baute er an beiden Enden des Ateliers an, wobei er einen neuen Eingang auf der Nordseite (2) und einen Schlafraum auf einer Empore unter dem Südgiebel anlegte (1). Um die Südseite besser zu nutzen, setzte er ein großes Fenster (5) in der Hauptscheune ein. Auf der Westseite wurde mit den verbliebenen, rohen Balken eine Veranda errichtet, die er *Eiffel* nennt, wegen den schlanken Säulen, die die Dachsparren stützen. Jetzt verfügt er über ein gegen Regen geschütztes Eßzimmer im Freien. »In der Normandie gibt es häufig Schauer, und dieser Platz verleiht einem das Gefühl von Sommer und Aufenthalt im Freien, aber man ist regengeschützt«, sagt Kuper.

Im Zentrum des Bauensembles steht die zweigeschossige, lichte Scheune, die ein idealer Ort zum Malen ist (3). Dennoch »sieht sie weder wie ein Künstleratelier noch wie ein Wohnraum aus«, sagt Kuper. »Es ist ein ganz spezieller offener Raum, in dem man gut malen kann.« Er hat die Farbgebung des Innenraums in blassen Tönen gehalten, wobei er interessante Effekte durch Einreiben des Holzes der Scheunenkonstruktion, der Treppen und der Möbel mit grauer und weißer Farbe erzielt hat. Die alte Treppe, die zum Schlafraum führt, war mit mehreren Schichten weißer Acrylfarbe bedeckt, die abgeschliffen wurde, bis eine silbrige Patina übrigblieb. Holz, das aussieht wie von Sand und Meer ausgewaschenes Treibholz, und die glatten, getünchten Lehmwände verleihen dem monochromen Raum eine starke Ausdruckskraft.

Robert Flynn Johnson schreibt, daß Yuri Kuper »durch die Alchimie der Kunst transformiert, neuformt und Farben und Strukturen einbringt, die anderenfalls für unser ungeduldiges Bewußtsein unsichtbar sein würden«. Yuri Kuper bekennt, daß er sich selbst als »professionellen Magier der Oberflächen (sieht) – jede hat besondere Qualitäten, die zur Meditation animieren«. Er möchte dafür einen nebelhaften und unendlich geschichteten Hintergrund schaffen. »Ich trage nur zum Sehen und Betrachten bei – ich helfe den Menschen, zu Betrachtern zu werden«, sagt er.

Geschaffen, um »mit der Natur zu verschmelzen.«

Yuri Kuper

3

ОБЪЯВЛЕНИЯ

Die Lehmwände der Scheune reflektieren das Licht wie Porzellan, und das Licht ist (nach dem Raum) das wichtigste Element im Atelier, in dem Kupers Leinwände, Staffeleien und Farben untergebracht sind; dafür wurden sechs Oberlichter in das Dach eingebaut. Nachts ermöglichen zahlreiche schwenkbare Scheinwerfer, das Licht in jede gewünschte Richtung zu lenken.

Bei der Renovierung hat Yuri Kuper durchweg »billiges Material« verwandt – altes Holz, rohe Balken, Holzdielen für die Böden des Wohnbereichs und Eisenbahnschwellen für den Verandaboden. Hier in der ländlichen Umgebung hat er sich für Einrichtungsgegenstände entschieden, die eher aus dem industriellen Bereich stammen: massive alte Kisten oder Truhen mit Türen, einen großen emaillierten, gußeisernen Holzofen aus Schweden für das Atelier und Fabrikeinrichtungen, die zu Waschtischen und Schubladenkommoden umfunktioniert wurden. »Alles ist unauffällig, als ob es in den Wänden verborgen wäre.« Sein Atelier ist mit Hobelbänken, alten Zeichenschränken und Setzregalen eingerichtet (3, 6). Ebenso wie der Scheunenbauer stolz auf sein Werkzeug war und es mit großem Geschick geführt hat, ist Yuri Kuper von den Werkzeugen fasziniert, mit denen die Handwerker schneiden, meißeln, hauen und bohren. Eine Ansammlung von Handwerkszeug jeglicher Art ist zu Stilleben auf den schmalen Regalen entlang der Wände aufgereiht.

Blaue Pfeile bezeichnen die obere Ebene; Ansicht des Eingangs (2) nicht auf dem Plan verzeichnet.

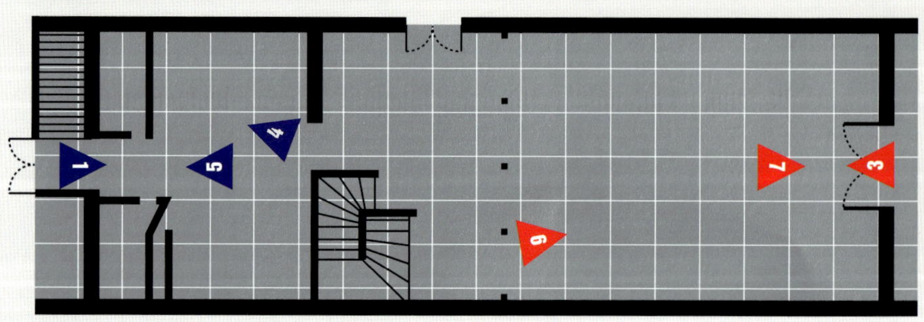

RUE

6

»Ich habe große Achtung vor der Arbeit der Handwerker«, sagt er. »Heute schreibt jeder Manifeste, kann aber nicht einmal zwei Linien ziehen.« Technische Zeichnungen, die er gefunden hat, zeugen ebenfalls von handwerklicher Kunst.

Yuri Kupers Lieblingsraum ist die Küche im Erdgeschoß mit ihren Doppeltüren, über denen ein halbkreisförmiges Oberlicht für zusätzliches Licht sorgt. Einfach möbliert mit einem alten Bauerntisch, Eckschränken und Gartenbänken sowie den *objects trouvés*, die er von seinen Streifzügen durch die Trödelläden mitbringt, ist die Küche dazu geschaffen, wie er sagt, »mit der Natur zu verschmelzen«. Die geschrubbte, abgeschliffene und bis zur Farblosigkeit abgelaugte Scheune ist wie Treibholz von Sand, Sonne und Wasser sowie dem Willen des Künstlers geformt worden.

7

5

Stauräume

Raumkünste

Immer wieder kann man beobachten, daß Leute, die viel Platz haben, nur beiläufig an Stauraum interessiert sind. Jane und John Pinnington, die ein bescheidenes 93 m² großes Apartment in einem ehemaligen Chemielager in Liverpool (England) besitzen, haben festgestellt, daß ein typisches Vorstadthaus von gleicher Größe mehr Stauraum aufweist. Vielleicht ist es eine Aversion gegen Türen, die die Bewohner daran hindert, eine Reihe von nützlichen Schränken einzuplanen. Vielleicht werden Einbauschränke vermieden, weil die ungewöhnlich hohen Decken es unmöglich machen, Standardtüren zu verwenden, und maßgefertigte teuer sind. Aber das Verstauen braucht nicht hinter geschlossenen Türen stattzufinden. Eine Lösung wäre, einen Abschnitt des Raums mit einem deckenhohen Vorhang, der in einer Schiene läuft, abzutrennen, um so einen begehbaren Ankleidebereich zu schaffen.

Man kann zwar mit Improvisation Platz schaffen, doch dann ist sorgfältiges Planen erforderlich, um ihn auch nutzen zu können. Fachgeschäfte, aber auch Baumärkte und Kaufhäuser bieten eine Reihe von Kisten, Pappkartons und Stapelcontainern an, die zu größeren Einheiten zusammengefaßt werden können, um die klaren Linien des Raums zu erhalten, auch wenn sie sichtbar aufgestellt sind.

Es ist ungewöhnlich, herkömmliche Möbel mit Stauraum wie Schränke, Frisierkommoden, Schminktische,

Aufbewahrungseinrichtungen müssen nicht unbedingt stationär und von Dauer sein: es können verstellbare Regale, bewegliche Elemente auf Rollen oder Kartonstapel sein.

1 Die Kleiderschränke des Designers Ross Lovegrove und seiner Frau Miska Miller sind hinter weichfallenden Gummivorhängen verborgen.

2 Ein alter Fleischerschrank, der mit einer Glasscheibe anstelle des ursprünglichen Fliegengitters versehen wurde, wird zu einem Schrank mit Kleiderstangen für Hemden und Hosen von Craig Port in seinem Lagerhaus in Kapstadt. Seine übrige Garderobe hängt er auf einen Kleiderständer daneben.

Sideboards und Truhen verstreut in einem offen angelegten Apartment anzutreffen, da sie in der Regel nicht zu den Proportionen der Räume passen.

Bewegliche Stauräume passen eher zu einem nomadischen Lebensstil: Turnhallenspinde bieten unkonventionellen Stauraum; auf Kleiderständern aus Modegeschäften ist Platz für die Garderobe; Klappleitern kann man mit Regalbrettern, einem Krawattenhalter, einem Spiegel oben und einer Schuhablage unten ausstatten. Kommoden sind durch sauber gestapelte, mit braunem Papier ausgelegte Kisten und große Metallkoffer ersetzt worden. Tyler Brûlé, Herausgeber der Zeitschrift *Wallpaper*, bewahrt seine Garderobe in fünf Seesäcken auf, die neben seiner Luftmatratze in seinem Londoner Apartment stehen, weil er bewegliche Aufbewahrungselemente braucht. Nur echte Nomaden können mit dieser Art der Einschränkung ihres Besitzes umgehen.

Um sich über die eigenen Bedürfnisse nach Stauraum innerhalb des verfügbaren Raums klar zu werden, sollte man einen Grundriß der Wohnung zeichnen, in dem alle Aufbewahrungsmöglichkeiten, von Wandschränken über frei stehende Schränke bis zu Kommoden, eingetragen sind. Dann macht man eine Liste all der Dinge, die verstaut werden müssen.

Küchen können als Inseln zentral oder an einer Wand eingerichtet werden, die auch noch andere Funktionen erfüllt. Eine zentral gelegene Küche muß geschickt mit Aufbewahrungsmöglichkeiten ausgestattet sein. Bei Küchenensembles, die an einer Wand stehen, bleibt die Fläche davor frei für Arbeitsplätze auf Rollen, die oben eine Fläche zum Arbeiten bieten und darunter mit Schubladen versehen sind. Hängeschränke über den Arbeitsflächen verringern das Raumvolumen und die Bewegungsspielraum. Spülmaschinen und Kühlschränke aus Großküchen sind ebenfalls effektive Stauräume. Bevor man das Geschirr in Regalen unterbringt, die zu schmal sind, sollte man lieber die Teller abmessen und Regale aufstellen, die diesen Maßen entsprechen.

1 Der Umkleideraum eines umgebauten Internats bietet eine Schrankwand, die die Besitzer Ronald Merens und Betty Bergen mit einer hohen, schmalen Tür und einem leiterähnlichen Lichtrahmen hervorhoben.

2 Der Architekt Nico Rensch hat in seinem Duschraum das Unterbringungsproblem exzellent mit übereinander angeordneten Schubladenkästen gelöst.

3 In seinem Loft im Londoner Stadtteil Clerkenwell hat der Architekt Marin Lee hinter dem Waschbecken eine Wand aus gelben, nach oben zu öffnenden Klappen montiert, hinter denen es ausreichend Stauraum gibt.

3

1 In der umgebauten Schule im Londoner Stadtteil Battersea, die der Videoproduzentin Zanna gehört, zieht eine Tür, die gleichzeitig als Bücherregal dient, die Aufmerksamkeit auf sich.

2 In einer anderen umgebauten Schule ermöglichte der große, scheunenartige Raum den Besitzern, herkömmliche Bücherregale aufzustellen, um ihre Bibliothek unterzubringen.

3 Die Schrankwand für Geschirr besticht durch die Fronten aus feinem Drahtgeflecht, das einen Blick auf den Inhalt dahinter zuläßt.

Die Aufbewahrung von Lebensmitteln ist einer der Bereiche, wo der persönliche Lebensstil die Bedingungen diktiert. Der Berufstätige, der allein in einem Loft lebt, oder die Liebhaber von Fast Food, das man überall hin mitnehmen kann, die Partylöwen, die nie zu Hause sind, werden auf Regale für das Aufbewahren von Nudeln und Tomatendosen verzichten können.

Aus dem Hauptwohnbereich wurden Regale, Schränke mit Glastüren, Konsolen und Ecktische zugunsten von Servierwagen verbannt, auf denen alles, von der Unterhaltungselektronik bis zum Computer, untergebracht ist. Trennwände,

die mit Regalen bestückt sind, können einen Raum teilen und jedes beliebige Objekt aufnehmen. Recycelte Holzfässer, Edelstahlbottiche, Weidenkörbe und große Terrakottakrüge machen sich gut als Behälter für Schirme, Pflanzen oder zusätzliche Kissen. Auch Tische sind heute Ablageflächen für Stapel von Zeitschriften und Zeitungen, die in farbenfrohen Ordnern und Sammelkästen aufbewahrt werden.

Sue Skeen ging die Stauraumfrage ganz pragmatisch an. Sie hatte zwei Räume – ein Schlaf- und ein Badezimmer –, die an einen großen, offen angelegten Wohn-, Eß- und Kochbereich angrenzen. Sie entwarf Aufbewahrungselemente, die im funktionalen Stil der 30er Jahre in hellem Holz gehalten sind, und stellte sie neben ihrer professionellen Küchenzeile auf. Dann setzte sie die übrigen Möbel, die zur Aufbewahrung vorgesehen waren – wie beispielsweise Zeichenschränke – auf Rollen. Aufbewahrungselemente aus hellem Holz, kalkweiße Leinenüberzüge für Stühle und Gegenstände aus Aluminium reflektieren das wäßrige Licht der Themse. Sue Skeens Geschmack ist stilbewußt, aber nicht zu bestimmt, daher gibt es keine besonderen Markenzeichen oder die Festlegung auf einen Designstil, sondern eine sorgfältige Sammlung, wo für alles Platz ist und doch alles seinen Platz hat.

◀ *Im Uhrzeigersinn von oben links:*
Mit nur kleinem Budget findet man gern eine Möglichkeit, alle Möbel wiederzuverwenden. Eine Vitrine aus einer Ladeneinrichtung wird zu einer Kleiderkommode · Ein Medizinschrank und eine Arztlampe aus den 20er Jahren bilden eine interessante Ergänzung des Eßzimmers · Brotkastenartige Behälter, die einmal Farbpulver in einer Farbenfabrik enthielten, können eine Fülle von Dingen verbergen · Ablagekörbe auf Rollen werden zu nützlichen Aufbewahrungswagen.

1 In diesem Melbourner Apartment hat der Architekt Bob Nation eine sehr modern konzipierte Einbaugarderobe verwirklicht.

2 Der Designer Christopher Wood benutzt Metallspinde zur Unterbringung seiner Utensilien in seinem gepflegten Bad.

Kontaktadressen

Allgemeine Informationen

Institut für internationale Architektur-Dokumentation GmbH
Postfach 44 02 61
80751 München
Tel: 0 89/38 16 20-0
Fax: 0 89/39 86 70
E-Mail: 101553.2376@compuserve.com.
Herausgeber von:
›Deutscher Baukatalog‹
Architekten und Bautechniker-Handbuch mit CD-ROM für PC und Apple Macintosh
(benutzte Ausgabe: 29/1998)

RWE Energie Bau-Handbuch
inclusive CD-ROM für PC und Apple Macintosh
(benutzte Ausgabe: 12/1.Auflage 1998)

Weitere wichtige und informative Adressen und Verzeichnisse für Architekten und Bauherrn im **Internet**:

›ARCHiNET‹
Architekturrelevantes im Netz
http://www.archinet.de

›architektur+bauen‹
TFH Berlin
Unter anderem: Architekten, Datenbanken, Forschungsarbeiten bis Stromversorger
http://www.tfh-berlin.de/~hasspro/arch/

›Bau-Online Service‹
Informationen für Planer, Architekten, Handel, Handwerker und Bauherrn, auch zum Selberbauen
http://www.bauonline.de

WORKSHOP archiV
Unter anderem: »adressen, werkverzeichnisse, biografien und projektdokumentationen ... und eine übersicht über architektur-informationen im internet«
http://www.workshop-archiv.de

Akustik

Gesellschaft für Lärmbekämpfung e. V. (GfL), Aktionszentrum Umweltschutz Berlin
Kaiserdamm 80
14057 Berlin
Tel.: 0 30/3 01 56 44

Deutscher Arbeitsring für Lärmbekämpfung e.V.
Frankenstraße 25
40476 Düsseldorf
Tel.: 02 11/48 84 99
Fax: 02 11/44 26 34

Altbausanierung und Denkmalpflege

Arbeitsgemeinschaft Wohnbau-Modernisierung e. V.
Bahnhofstraße 44
74254 Offenau
Tel.: 0 71 36/33 22
Fax: 0 71 36/85 45

Bundesarbeitskreis Altbauerneuerung e. V. (BAKA)
Konstantinstraße 20
53179 Bonn
Postfach 24 01 40
53154 Bonn
Tel.: 02 28/35 90 01
Fax: 02 28/35 90 04

Unternehmerverband Historische Baustoffe e. V.
Dreihäusle 3
78112 St Georgen
Tel.: 0 77 24/35 89
Fax: 0 77 24/32 85
Internet: http://www.historische-baustoffe.de
E-Mail: verband@historische-baustoffe.de

Wissenschaftlich-technische Arbeitsgemeinschaft für Bauwerkserhaltung und Denkmalpflege e. V. (WTA)
Geschäftsstelle:
Ahornstraße 5
82065 Baierbrunn
Tel.: 0 89/7 93 44 84
Fax: 0 89/7 93 80 59

Architektenkammern und -verbände

Bundesarchitektenkammer
Königswinterer Straße 709
53227 Bonn
Tel.: 02 28/97 08 20
Fax: 02 28/44 27 60

Bund Deutscher Architekten
BDA-Bundesgeschäftsstelle
Ippendorfer Allee 14 b
53127 Bonn
Tel.: 02 28/28 50 11
Fax: 02 28/28 54 68

Baustoffe, Steine und Erden

Bundesgütegemeinschaft Betonflächeninstandsetzung e. V. (BFI)
Vilbeler Landstraße 255
60388 Frankfurt/Main
Tel.: 0 61 09/72 68-70
Fax: 0 61 09/72 28 50

Bundesverband der Deutschen Recycling-Baustoff-Industrie e.V.
Düsseldorfer Str. 50
47051 Duisburg
Tel.: 02 03/9 92 39-0
Fax: 02 03/9 92 39 97 und 98

Bundesverband Steine und Erden e.V.
Friedrich-Ebert-Anlage 38
60325 Frankfurt/Main
Tel.: 0 69/75 60 82-0
Fax: 0 69/75 60 82 12

Bundesverband der Deutschen Zementindustrie e.V.
Pferdmengesstraße 7
50968 Köln
Tel.: 02 21/3 76 56-0
Fax: 02 21/3 76 56 86

Bundesverband der Deutschen Ziegelindustrie e.V.
Schaumburg-Lippe-Straße 4
53113 Bonn
Tel.: 02 28/91 49 30
Fax: 02 28/9 14 93 28

Bundesverband Kalksandsteinindustrie e.V.
Entenfangweg 15
30419 Hannover
Postfach 21 01 60
30401 Hannover
Tel.: 05 11/27 95 40
Fax: 05 11/2 79 54 54

Bundesverband Porenbetonindustrie e.V.
Dostojewskistraße 10
65187 Wiesbaden
Tel.: 06 11/98 50 44-0
Fax: 06 11/80 97 07

Deutsche Gesellschaft für Mauerwerksbau e.V.
Schloßallee 10
53179 Bonn
Tel.: 02 28/85 77 36
Fax: 02 28/85 74 37

Deutscher Naturwerkstein-Verband e.V.
Sanderstraße 4
97070 Würzburg
Tel.: 09 31/1 20 61
Fax: 09 31/1 45 49

Fachvereinigung der Bims- und Leichtbetonindustrie e.V.
Sandkaulerweg 1
56564 Neuwied
Postfach 27 55
56517 Neuwied
Tel.: 026 31/2 22 27 und 28

Forschungsinstitut der Zementindustrie
Postfach 30 10 63
40410 Düsseldorf
Tel.: 02 11/45 78-1
Fax: 02 11/4 57 82 96

Bautechnik allgemein

Arbeitsgemeinschaft Umweltverträgliches Bauprodukt e. V. (AUB)
Nederlinger Straße 1
80638 München
Tel.: 0 89/1 59 69 44
Fax: 0 89/1 59 69 42

Arbeitsgemeinschaft für zeitgemäßes Bauen e.V.
Walkerdamm 17
24103 Kiel
Tel.: 04 31/6 63 69-0
Fax: 04 31/6 63 69 69

Bundesverband Gesundes Bauen und Wohnen e. V. (GBW)
Postfach 15 43
38005 Braunschweig
Tel.: 05 31/35 28 51
Fax: 05 31/35 52 12

Deutsche Bauchemie e. V.
Karlstraße 21
60329 Frankfurt/Main
Tel.: 0 69/25 56 13 18
Fax: 0 69/25 16 09

Hauptverband der Deutschen Bauindustrie e.V.
Abraham-Lincoln-Strasse 30
65189 Wiesbaden
Postfach 29 66
65019 Wiesbaden
Tel.: 06 11/77 20
Fax: 06 11/77 22 40

Informationsdienst für neuzeitliches Bauen e. V.
Postfach 20 07 05
53137 Bonn

Zentralverband des Deutschen Baugewerbes e.V.
Godesberger Allee 99
53175 Bonn
Postfach 20 14 55
53144 Bonn
Tel.: 02 28/81 02-0
Fax. 02 28/8 10 21 21

Beleuchtung

siehe Licht

Boden und Bodenbeläge

Bundesverband Estrich und Belag e. V.
Industriestraße 19
53842 Troisdorf
Tel.: 0 22 41/4 20 41

Bundesverband Trittsicherheit e. V.
Postfach 11 26
86881 Landsberg/Lech
Tel.: 0 81 91/2 25 07
Fax: 0 81 91/2 25 17

Deutsches Teppich-Forschungsinstitut e. V.
Charlottenburger Allee 41
52068 Aachen
Tel.: 02 41/96 79 00
Fax: 02 41/9 67 92 00

Verband der Deutschen Heimtextilien-Industrie e. V.
Hans-Böckler-Straße 205
42109 Wuppertal
Tel.: 02 02/75 97-0
Fax: 02 02/75 97 97

Zentralverband Parkett und Fußbodentechnik
Meckenheimer Allee 71
53115 Bonn
Tel.: 02 28/63 12 01
Fax: 02 28/69 54 62

Brandschutz

Bundesverband Feuerlöschgeräte und -anlagen e. V.
Postfach 609
58006 Hagen
Tel.: 0 23 31/80 12 80
Fax: 0 23 31/80 12 99

Vereinigung zur Förderung des Deutschen Brandschutzes e. V.
Geschäftsstelle
Postfach 12 31
48338 Altenberge
Tel.: 0 25 05/26 17
Fax: 0 25 05/24 68

Dach

Arbeitsgemeinschaft Ziegeldach e. V.
Schaumburg-Lippe-Straße 4
53113 Bonn
Tel.: 02 28/9 14 93 23
Fax: 02 28/9 14 93 30

Deutscher Dachgärtner Verband e. V., Baden-Baden
Geschäftsstelle:
Postfach 20 25
72610 Nürtingen
Tel.: 0 70 22/60 03 45
Fax: 0 70 22/60 03 16

Zentralverband des Deutschen Dachdeckerhandwerks
Fachverband Dach-, Wand- und Abdichtungstechnik e.V.
Postfach 51 10 67
50946 Köln
Tel.: 02 21/37 20 58
Fax: 02 21/38 43 36

Dämmstoff

Fachvereinigung Mineralfaserindustrie e.V.
Stresemannstraße 26
40210 Düsseldorf
Tel.: 02 11/1 68 94-0
Fax: 02 11/1 68 94 27

Gesamtverband Dämmstoffindustrie (GDI)
Griegstraße 17
22763 Hamburg
Tel.: 0 40/8 80 20 42
Fax: 0 40/8 81 13 49
E-Mail: GDI-Gesamtverband@t-online.de

Industrieverband Anorganische Dämmstoffe (IVAD)
Fürstenrieder Straße 5
80687 München
Tel.: 0 89/8 50 52 82
Fax: 0 89/8 50 52 82

Informationszentrale Steinwolle
Obere Zeil 2
61440 Oberursel
Tel.: 0 61 71/58 87 35
Fax: 0 61 71/58 87 40

Energie
siehe auch Licht und Sanitär

Arbeitsgemeinschaft für sparsamen und umweltfreundlichen Energieverbrauch e. V. (ASUE)
Postfach 10 03 04
20002 Hamburg
Tel.: 0 40/23 45 09
Fax: 0 40/23 66 33 61

Bundesverband Solarenergie e. V. (BSE)
Kruppstraße 5
45128 Essen
Te.: 02 01/1 22 30 06

Bürgerinformation Neue Energietechniken (BINE)
Mechenstraße 57
53129 Bonn
Tel.: 02 28/23 20 86
Fax: 02 28/23 20 89
E-Mail: bine@pc.fiz-karlsruhe.de

Fachinstitut Gebäudeklima e. V.
Danziger Straße 20
74321 Bietigheim-Bissingen
Tel.: 0 71 42/5 44 98
Fax: 0 71 42/6 12 98

Gesellschaft für Rationelle Energieverwendung e. V.
Kaiserdamm 80
14057 Berlin
Tel.: 0 30/3 01 60 90

Farben

Arbeitsgemeinschaft der Naturfarbenhersteller (AGN)
c/o Redaktionsbüro A. Rehm
Im Asemwald 12/12
70599 Stuttgart
Tel.: 07 11/7 22 79 51
Fax: 07 11/7 28 99 09

Deutsches Farbenzentrum
Zentralinstitut für Farbe in Wissenschaft und Gestaltung
Bozener Straße 11-12
10825 Berlin
Tel. und Fax: 0 30/8 54 63 61

Forschungsinstitut für Pigmente und Lacke e. V.
Allmandring 37
70569 Stuttgart
Tel.: 07 11/6 87 80-0
Fax: 07 11/6 87 80 79

Hauptverband Farbe, Gestaltung, Bautenschutz, Bundesinnungsverband des deutschen Maler- und Lackiererhandwerks
Vilbeler Landstraße 255
60388 Frankfurt/Main
Tel.: 0 61 09/72 28-0
Fax: 0 61 09/72 28 50

Verband der Mineralfarbenindustrie e.V.
Karlstraße 21, 60329 Frankfurt
Tel.: 0 69/25 56 13 51
Fax: 0 69/25 30 87

Fenster

Bundesverband Rolladen + Sonnenschutz e. V.
Hopmannstraße 2, 53177 Bonn
Tel.: 02 28/95 21 00

Institut für Fenstertechnik e. V.
Theodor-Gietl-Straße 7–9
83026 Rosenheim
Tel.: 0 80 31/2 61-0
Fax: 0 80 31/26 12 90

Verband der Fenster- und Fassadenhersteller e. V.
Bockenheimer Anlage 13
60322 Frankfurt/Main
Tel.: 0 69/95 50 54-0
Fax: 0 69/95 50 54-11
Internet: http://www.window.de
E-Mail: vff@window.de

Fliesen

Bundesverband des Deutschen Fliesenfachhandels e. V.
Postfach11 32
40636 Meerbusch
Tel.: 0 21 32/7 67 39
Fax: 0 21 32/8 01 96

Deutsche Keramische Fliesen- und Platten-Informations GmbH
Gänsäckerstraße 53
74081 Heilbronn
Tel.: 0 71 31/5 89 70-0
Fax: 0 71 31/5 89 70 12
E-Mail: renz/keramfliesen@t.online.de

Glas

Bundesverband Flachglas, Großhandel, Isolierglasherstellung, Veredleung e. V.
Mülheimer Straße 1
53840 Troisdorf-Sieglar
Tel.: 0 22 41/87 27-0
Fax: 0 22 41/87 27 10

Bundesverband Glasindustrie und Mineralfaserindustrie e. V.
Stresemannstraße 26
40210 Düsseldorf
Tel.: 02 11/1 68 94-0
Fax: 02 11/1 68 94 27

Heizung
siehe Sanitär und Energie

Holz

Arbeitsgemeinschaft Holz e. V.
Füllenbachstraße 6
40474 Düsseldorf
Tel.: 02 11/47 81 80
Fax: 02 11/45 23 14
Internet:
http://www.argeholz.de
E-Mail: argeholz@argeholz.de

Deutsche Gesellschaft für Holzforschung e. V. (DGfH)
Bayerstraße 57–59
80335 München
Tel.: 0 89/5 38 90 57
Fax: 0 89/53 16 57
Internet:
http://www.holz.de/dgfh
E-Mail: DGfH-EGH@t-online.de

Fachverband Holzwintergarten e. V.
Postfach 12 05
84043 Mainburg
Tel.: 0 87 51/40 03
Fax: 0 87 51/86 15 22

Verband der Deutschen Holzwerkstoffindustrie e. V. (VHI)
Wilhelmstraße 25
35392 Gießen
Tel.: 06 41/9 75 47-0
Fax: 06 41/9 75 47 99

Küchen

Arbeitsgemeinschaft – Die
Moderne Küche e. V. (AMK)
Dannstadter Straße 6–8
68199 Mannheim
Tel.: 06 21/8 50 61 00
Fax: 06 21/8 50 61 01

Vereinigter Küchenfachhandel
GmbH + Co. KG (VKG)
Postfach 18 50
75118 Pforzheim
Tel.: 0 72 31/9 15-0
Fax: 0 72 31/91 51 60

Kunststoffe

Arbeitsgemeinschaft PVC
und Umwelt e. V.
Pleimesstraße 3
53129 Bonn
Tel.: 02 28/9 17 83-0
Fax: 02 28/5 38 95 94

Fachgruppe Dekorative
Schichtstoffplatten im Fachverband Halbzeuge des GKV
Am Hauptbahnhof 12
60329 Frankfurt/Main
Tel.: 0 69/25 33 51
Fax: 0 69/23 98 37

Industrieverband Bitumen-,
Dach- und Dichtungsbahnen
e.V.
Karlstraße 21
60329 Frankfurt
Tel.: 0 69/2 55 63 14
Fax: 0 69/25 56 16 02

Industrieverband Kunststoffbahnen
Emil-von-Behring-Straße 4
60439 Frankfurt
Tel.: 0 69/57 20 64
Fax: 0 69/57 45 37

Institut für das Bauen mit
Kunststoffen e. V.
Osannstraße 37
64285 Darmstadt
Tel.: 0 61 51/4 80 97
Fax: 0 61 51/42 11 01
oder 42 15 60

Wirtschaftsverband der deutschen Kautschukindustrie e.V.
Zeppelinallee 68
60487 Frankfurt
Tel.: 0 69/79 36-0
Fax: 0 69/7 93 61 50

Licht und Beleuchtung

Deutsche Lichttechnische Gesellschaft e. V. (LiTG)
Burggrafenstraße 6
10787 Berlin
Tel.: 0 30/26 01 24 39
Fax: 0 30/12 55

Hauptberatungsstelle für
Elektrizitätsanwendung e.V.
Am Hauptbahnhof 12
60329 Frankfurt
Tel.: 0 69/2 56 19-0
Fax: 0 69/23 27 21

Fördergemeinschaft Gutes
Licht (FGL)
Stresemannallee 19
60596 Frankfurt/Main
Tel.: 0 69/63 02-2 93 und 3 53
Fax: 0 69/6 30 23 17

Fachverband Lichtkuppel,
Lichtband und RWA e. V.
Heumarkt 14
50667 Köln
Tel.: 02 21/2 40 15 67

Möbel

Arbeitskreis Fertigwand –
Schrankwand/Trennwand der
Studiengemeinschaft für
Fertigbau
Parkstraße 71–73
65191 Wiesbaden
Tel.: 06 11/56 21 91
Fax: 06 11/56 46 99

Verband der Deutschen Möbelindustrie e. V.
Flutgraben 2
53604 Bad Honnef
Tel.: 0 22 24/93 77-0
Fax: 0 22 24/93 77 77

Sanitär, Klima und Heizung

siehe auch Energie

Abwassertechnische
Vereinigung e. V. (ATV)
Theodor-Heuss-Allee 17
53773 Hennef (Sieg)
Tel.: 0 22 42/8 72-0
Fax: 0 22 42/87 21 35
Internet: http://www.atv.de
E-Mail: 101623.1642@compuserve.com.

Bundesindustrieverband
Heizungs-, Klima-, Sanitärtechnik e. V. (BHKS)
Weberstraße 33
53113 Bonn
Tel.: 02 28/21 90 43-44
Fax: 02 28/26 15 33

Bundesverband Flächenheizungen e. V.
Hochstraße 113
58095 Hagen
Tel.: 0 23 31/20 08 50
Fax: 0 23 31/20 08 40

Fachverband Sanitär-
Keramische Industrie e.V.
Engerser Landstraße 44
56564 Neuwied
Postfach 12 54
56502 Neuwied
Tel.: 0 26 31/2 60 70, 2 60 79

Fachverband Steinzeugindustrie e.V.
Max-Planck-Straße 6
50858 Köln
Tel.: 0 22 34/50 72 61

Fachvereinigung Betriebs-
und Regenwassernutzung
e. V. (fbr)
Kasseler Straße 1a
60486 Frankfurt/Main
Tel.: 0 69/97 07 46 47
Fax: 0 69/97 07 46 48

Steinzeug Gmbh
Postfach 40 05 61
50835 Köln
Tel.: 0 22 34/5 07-0
Fax: 0 22 34/50 72 07

Technischer Beratungsdienst
Abflußrohre
Postfach 25 01 20
50517 Köln
Tel.: 02 21/33 03-0
Fax: 02 21/33 03-170 und 171

Zentralverband Sanitär
Heizung Klima
Rathausallee 6
53757 Sankt Augustin
Tel.: 0 22 41/2 90 56-58
Fax: 0 22 41/2 13 51

Schloß und Beschläge

Fachverband Schloß- und Beschlagindustrie e. V.
Postfach 10 03 70
42503 Velbert
Tel.: 0 20 51/95 06-0
Fax: 0 20 51/95 06 20

Stahl

Bauen mit Stahl e. V.
Postfach 10 48 42
40039 Düsseldorf
Tel.: 02 11/8 29-3 39 und 340
Fax: 02 11/82 93 18

Deutscher Stahlbau-Verband
Ebertplatz 1
50668 Köln
Tel.: 02 21/77 31-0
Fax: 02 21/7 73 11 21

Treppen

Arbeitsstelle für
Treppenforschung
Hünenring 14
91809 Konstein
Tel.: 0 84 27/5 55

Bundesverband Treppen- und
Geländerbau e. V. (BVTG)
Hauptgeschäftsstelle München
Postfach 71 08 64
81458 München
Tel.: 0 89/78 40 41
Fax: 0 89/7 85 55 11

Türen

Gütegemeinschaft Innentüren
aus Holz und Holzwerkstoffen
e. V.
Wilhelmstraße 25
35392 Gießen
Tel.: 06 41/97 54 70
Fax: 06 41/9 75 47 99

Industrieverband Tore –
Türen – Zargen
Postfach 10 20
58010 Hagen
Tel.: 0 23 31/20 08-0
Fax: 0 23 31/20 08 40

Verbraucherberatungen

Arbeitsgemeinschaft der
Verbraucherverbände
e. V. (AgV)
Heilsbachstraße 20
53123 Bonn
Tel.: 02 28/64 89-0
Fax: 02 28/64 42 58

Stiftung Warentest
Lützowplatz 11–13
10785 Berlin
Postfach 30 41 41
10724 Berlin
Tel.: 0 30/26 31-0
Fax: 0 30/2 61 10 74
Internet: http://www.stiftung-warentest.de

Wände und Wandplatten

Bundesverband der Gips- und
Gipsbauplattenindustrie e.V.
Birkenweg 13
64295 Darmstadt
Tel.: 0 61 51/31 43 10
Fax: 0 61 51/31 65 49

Bundesverband der
Leichtbauplatten-Industrie e.V.
Beethovenstraße 11
80336 München
Tel.: 0 89/51 40 30
Fax: 0 89/5 32 83 59

Register

Abbildungsnachweis

Danksagung

Der **Autor** dankt allen nachfolgend genannten Personen und Einrichtungen für ihre freundliche Unterstützung beim Zustandekommen dieses Buches:
Paula Hardy; Jackie Ryan; Jess Walton; The Cornflake Shop; Piers Gough von CZWG und allen Besitzern, Architekten und Designern der beschriebenen Objekte in den ›Ortsterminen‹.

Der **Autor** und der **Herausgeber** danken insbesondere den folgenden Personen für die Erlaubnis, ihre Wohnungen in den ›Ortsterminen‹ abbilden und beschreiben zu dürfen:
Andrée Putman
Fi McGhee
Kathleen van Zandweghe und Joris Mampaey
Barry Sack
Tim Du Val
Yuri Kuper und Morvane Achart

Abbildungen

1 Catherine Tighe Bogert (Architekt: Andrew Berman); 2/3 Paul Rocheleau (Wynkoop DuBois Barn, Martha's Vineyard, MA); 4/5 Simon Wheeler/Sunday Times/Times Newspaper Ltd.; 7 Otto Baitz/Esto (Architekt: Kiss Cathcart Anders); 8 Paul Rocheleau (Roher Barn, Lancaster, PA); 9 Anthony Staile/Archivfotos; 10 Verne Fotografie (Stuart Parr); 11 Richard Glover (Pattern House, London – Architekt: Arthur Collin Architects); 12 Chris Gascoigne/ View (Architekten: CZWG); 13 links Gilles de Chabaneix/ Daniel Rozensztroch/Marie Claire Maison (Designer: Murray Moss); 13 rechts Gilles de Chabaneix/ Daniel Rozensztroch/Marie Claire Maison (Designer: Murray Moss); 14/15 Tumuli Township Schoolhouse, Winter 1993, Maxwell Mackenzie; 16 Earl Carter/Belle/Arcaid (Sophie Conran und Alex Willcock); 17 Christopher Wesnofske (Mr. & Mrs. Wesnofske, Bridgehampton, NY); 18 Reiner Blunck (Architekt: Martin Leddy); 19 oben Manuela Cerri (Architekt: Edgar Vallora und Fausto Ghemi; Ingenieur: Giorgio Siniscalco); 19 Mitte links Michael Moran (Arthur Baker Loft, Jersey City – Architekten: Abelow Connors Sherman Architekten); 19 mittlere Reihe Mitte Jessie Walker (Architekt: H. Gary Frank AIA, Winnetka, Illinois); 19 Mitte rechts Reiner Blunck (Architekt: Glenn Murcutt); 19 unten links Monty Coles/Vogue Entertaining (Poppy King); 19 unten Mitte Antoine Bootz (Laurence und William Kriegel – Architekten: Edward Asfour und Peter Guzy); 19 unten rechts Antoine Bootz (Laurence und William Kriegel – Architekten: Edward Asfour und Peter Guzy); 20/21 Peter Aaron/Esto (Architekten: Hanrahan Meyers, NY); 20 links Ted Yarwood (George Whiteside); 22 Pieter Estersohn/Lachapelle Representation (Designer: David McDermott und Peter McGough); 23 oben Deidi von Schaewen (Daniel Vial, Provence); 23 unten Antoine Rozes (Designer: Eugenie Collet); 24 links Michael Mundy (Barbara de Vries und Alastair Gordon); 24/25 Todd Eberle (Rico Espinet und Heloisa Zero); 26 Catherine Tighe Bogert (Industria Superstudio, NYC – Architekt: Andrew Berman); 27 Industria Superstudio, Mailand; 28 Catherine Bibollet/Agence Top; 29 Henry Moore Sculpture Trust, Dean Clough, Halifax; 30 © 1993 Todd Eberle; 31 Marcus Leith/The Bankside Power Station; 32 Museen und Galerien von Glasgow; 32 unten Kevin Low (Tramway); 33 Kevin Low (Tramway); 34/35 Yigal Gawze; 36/37 Horst Neumann/JB Visual Press (The Kappeli Restaurant – Architekten: Helka Perkkinen, Jukka Halminen und Aino Brandt); 37 rechts Alexander van Berge (Architekt: Jaap Dijkman); 38 Yigal Gawze; 39 Deidi von Schaewen (Architektin: Andrée Putman/ECART); 40/47 Deidi von Schaewen (Andrée Putman); 48 Chris Gascoigne/View (Architekten: CZWG); 49 Roger Ressmeyer/Corbis; 50/51 Richard Glover (Pattern House, London – Architekt: Arthur Collin Architects); 51 rechts John Edward Linden/Arcaid (Architekt: Mark Guard); 52 Verne Fotografie (Architekt: Ricardo Bofil); 53 links Eduard Hueber (Architekten: Dean/Wolf Architekten); 53 rechts Verne Fotografie (Architekten: Kathleen van Zandweghe und Joris Mampaey); 54 oben Deidi von Schaewen (Architekt: Gilles Bouchez); 54 unten Peter Aaron/Esto (Architekten: Peter Forbes & Associates); 55 oben Elliott Kaufman (Architekten: Haigh Architekten, Pual Haigh AIA & Barbara H. Haigh); 55 unten Luc Wauman (Luc Verstraete und Isabelle Vermast – Architekten: Peter Haverhals und Frank Heylen); 56 links John Edward Linden/Arcaid (Architekt: Mark Guard); 56/57 Ray Main (Nick Allan); 58 Tim Goffe (Architekten: Paxton Locher); 59 oben links Deidi von Schaewen (Daniel Vial, Provence); 59 oben rechts Mads Mogensen (Architekten: Virginia Kerridge und Philip Wallace); 59 unten links M. Grazia Branco/ IKE-TRADE International (Designer: Ross Lovegrove); 59 unten rechts Tim Beddow/The Interior Archive (Künstler: Beazy Bailey, Südafrika); 60/61 Gilles de Chabaneix/Marie Claire Maison; 61 oben rechts Verne Fotografie (Architekt: Ricardo Bofil); 61 unten rechts Gilles de Chabaneix/ Daniel Rozensztroch/Marie Claire Maison (Designer: Vicente Wolf); 62/68 Fi McGhee (Architekt: John Pawson); 70 links Peter Aaron/Esto (Spaulding Taylor, San Francisco, Kalifornien); 70 oben rechts Patrick Leitner (Architekt: Andrew Berman); 70 unten rechts Ray Main (Architekten: Circus Architects); 71 oben Richard Glover (Vaight Apartment, London – Architekten: Circus Architects); 71 unten Tim Hawkins/Agenda Design Associates; 72 oben Chris Gascoigne/ View (Architekten: Wells/Mackreth); 72 oben Mitte Ray Main (Architekten: Martin Lee Associates); 72 unten links Peter Aprahamian (Architekt: Nico Rensch); 72 rechts Eric Thorburn (André Tammes/Lighting Design Partnership); 73 Peter Aaron/Esto (Architekten: Hanrahan Meyers, NY); 74 oben Chris Gascoigne/View (Architekten: Nick Hockley von ORMS); 74 unten Deidi von Schaewen (Architekt. Gilles Bouchez); 75 Elliott Kaufman (Haigh Architekten, Paul Haigh AIA & Barbara H. Haigh); 76 oben Deidi von Schaewen (Craig Port); 76 unten Peter Aprahamian (Architekt: Nico Rensch); 77 oben Peter Aaron/Esto (Architekten: Hanrahan Meyers, NY); 77 unten Eric Thorburn/Glasgow Picture Library (Bob Callender und Liz Ogilvie); 78 Todd Eberle (Robert Indiana); 79 oben Todd Eberle (Rico Espinet und Heloisa Zero); 79 Mitte Chris Meads ; 79 unten Ted Yarwood (Curtis Wehrfritz – Architekten: John Tong und Arriz Assam, 3rd UNCLE Design Inc., Toronto); 80 Todd Eberle (LOT/ EK Architekture – Ada Tolla und Giuseppe Lignano); 81 oben links Julie Phipps/Arcaid (Architekten: Cowper Griffith Associates); 81 oben Mitte Richard Glover (Pattern House, London – Architekt: Arthur Collin Architekten); 81 oben rechts Ray Main (Architekten: St. John/ Caruso Architekten); 81 unten links Nicolas Tosi/Catherine Ardouin/Marie Claire Maison (Architekt: Narda vant Veer); 81 unten Mitte Michael Moran (Arthur Baker Loft, Jersey City – Architekten: Abelow Connors Sherman Architekten); 81 unten rechts Eduard Hueber (Architekten: Dean/Wolf Architekten); 82 Chris Gascoigne/View (Architekten: CZWG); 83 Ted Yarwood (Designer: Richard Ferbrache); 84 oben Antoine Rozes (Designer: Eugenie Collet); 84 unten Gilles de Chabaneix/ Catherine Ardouin/Marie Claire Maison (Thomas Wegner); 85 Andrew Bordwin (Architekt: Paul Ochs); 86 oben Chris Gascoigne/View (Architektin: Suzanne Lumsden); 86 unten Verne Fotografie (Architekt: Vincent Van Duysen); 87 Wayne Vincent/The Interior Archive (Designer: Lee Mallet); 88/89 David Churchill/Arcaid (Patrick Hughes – Architekten: Mark Willingale Associates); 89 rechts Michael Moran (Arthur Baker Loft, Jersey City – Architekten: Abelow Connors Sherman Architects); 90 Peter Aaron/Esto (Ken Schroeder); 91 Otto Baitz/Esto (Architekten: Kiss Cathcart Anders); 92 Mainstream; 93 Richard Glover (Circus Architects – Vaight Apartment, London); 94 Ted Yarwood (Curtis Wehrfritz – Architekten: John Tong und Arriz Assam, 3rd UNCLE Design Inc., Toronto); 95 oben links Manuela Cerri (Architekt: Edgar Vallora und Fausto Ghemi; Ingenieur: Giorgio Siniscalco); 95 oben rechts Gilles de Chabaneix/ Catherine Ardouin/ Marie Claire Maison (Thomas Wegner); 95 unten links Manuela Cerri (Architekt: Edgar Vallora und Fausto Ghemi; Ingenieur: Giorgio Siniscalco); 95 unten rechts Christian Sarramon (DORIA, Paris); 96 oben Richard Bryant/Arcaid (Architekt: Gary Cunningham); 96 unten Verne Fotografie (Stuart Parr); 97 Michael Moran (Arthur Baker Loft, Jersey City – Architekten: Abelow Connors Sherman Architects); 98 Ray Main (Nick Allan); 99 Peter Aprahamian ©The Condé Nast PL/House and Garden; 100 MP Morel/C. Ardouin/Marie Claire Maison; 101, 102/104, 105 Verne

Fotografie; 106 oben rechts und links Verne Fotografie; 106 unten links und 107 MP Morel/C Ardouin/Marie Claire Maison; 108 Chris Gascoigne/ View (Architekt: Suzanne Lumsden); 109 Paul Rocheleau (Private Barn, Sheffield, MA); 110 Gilles de Chabaneix/Daniel Rozensztroch/Marie Claire Maison (Designer: Murray Moss); 111 links Fotograf: Jonathan Pile/Design: Project Orange; 111 rechts Catherine Tighe Bogert (Architekt: Andrew Berman); 112/113 Richard Bryant/Arcaid (Architekt: Gary Cunningham); 114 Wayne Vincent/The Interior Archive (Designer: Lee Mallet); 115 links Peter Aprahamian (Architekt: Nico Rensch); 115 rechts Rodney Weidland/Vogue Living (Architekt: Michael Rigg of Urban Spaces); 116 links Reiner Blunck (Architekt: Glenn Murcutt); 116 rechts Jonathan Keenan Fotograf: Urban Splash (Shed Architekten); 117 Eduard Hueber (Gruman & Sloan Loft – Architekt: Anne Marie Baranowski); 118 oben links Reiner Blunck (Architekt: Martin Leddy); 118 unten links Ray Main (Nick Allan); 118 unten rechts Eric Thorburn (André Tammes/ Lighting Design Partnership); 118/119 oben Ray Main (Architekten: St. John/Caruso Architekten); 120 oben Peter Aaron/Esto (Architekten: Peter Forbes & Associates); 120 unten Todd Eberle (Robert Indiana); 121 Richard Bryant/Arcaid (Architekt: Gwathmey Siegel & Associates); 122 Tim Soar (Oliver's Wharf – Architekten: McDowell & Benedetti); 123/127 Tim Soar (Oliver's Wharf – Architekten: McDowell & Benedetti); 130 Gilles de Chabaneix/Daniel Rozensztroch/ Marie Claire Maison (Alistair Gordon und Barbara De Vries); 131 oben links M. Grazia Branco/ IKETRADE International (Designer: Ross Lovegrove); 131 oben rechts Elliott Kaufman (Architekten: Haigh Architecs, Paul Haigh AIA & Barbara H. Haigh); 131 unten rechts Richard Bryant/Arcaid (Architekt: Gary Cunningham); 132 Peter Aaron/Esto (Architekten: Peter Forbes & Associates); 133 oben Marie Pierre Morel/Marie Kalt/Marie Claire Maison (Architekt: Herve Vermesch); 133 unten links Nicholas Kane/Arcaid (Architekt: Ken Rorrison); 133 unten rechts Verne Fotografie (Hilde Bouchez & Jan Hoet); 134 oben Gilles de Chabaneix/Catherine Ardouin/ Marie Claire Maison (Thomas Wegner); 134/135 unten Peter Aaron/Esto (Architekten: Hanrahan Meyers, NY); 135 oben Eduard Hueber (Architekt: Daniel O'Connor); 136 links Tim Hawkins/Agenda Design Associates; 136 rechts Alberto Piovano/Arcaid (Architekt: Luigi Ferrario); 137 Eric Thorburn/ Glasgow Picture Library (Bob Callender und Liz Ogilvie); 138 Deidi von Schaewen (Craig Port); 139 Ted Yarwood (Curtis Wehrfritz – Architekten: John Tong und Arriz Assam, 3rd UNCLE Design Inc., Toronto); 140 oben Peter Aaron/Esto (Architekt: Peter Forbes & Associates); 140 unten MP Morel/M. Kalt/Marie Claire Maison; 141 Andrew Bordwin (Architekt: Paul Ochs); 142 Wulf Brackrock; 143 oben Christian Sarramon (Windmühle in Uitgeest, Holland); 143 unten links Elliott Kaufman (Architekten: Corinne Calesso/William Hallow – American Design Company); 143 unten rechts Verne Fotografie (Hilde Bouchez & Jan Hoet); 144 links Peter Aaron/Esto (Architekten: Hanrahan Meyers, NY); 144 rechts Peter Aaron/ Esto (Architekten: Hanrahan Meyers, NY); 145 Reiner Blunck (Architekt: Martin Leddy); 146 Mainstream; 146/147 Nicholas Kane/Arcaid (Architekt: Ken Rorrison; 148 Charlotte Wood (Architekten: Cullum und Nightingale); 149 oben links Ray Main (Architekten: Martin Lee Associates); 149 oben rechts Lu Jeffery (Alex Clive und Phoebe Woods-Humphrey); 149 unten links Ted Yarwood (Curtis Wehrfritz – Architekten: John Tong und Arriz Assam, 3rd UNCLE Design Inc., Toronto); 149 unten rechts Alberto Piovano/Arcaid (Architekt: Luigi Ferrario); 150 links Jessie Walker (Architekt: H Gary Frank AIA, Winnetka, Illinois); 150 rechts Elliott Kaufman (Architekten: Ross Anderson at Anderson Architects); 151 Verne Fotografie (Architekt: Coussee & Goris); 152 oben Gilles de Chabaneix/ Daniel Rozensztroch/ Marie Claire Maison (Laurence und William Kriegel – Architekten: Edward Asfour und Peter Guzy); 152 unten Max Jourdan (Zanna); 153 Teisseire Laurent/Catherine Ardouin/Marie Claire Maison (Tim & Carol Wood – Architekten: Forge Architects); 154 oben Verne Fotografie (Frank Destrooper); 154 unten Peter Aprahamian (Architekt: Nico Rensch); 155 Richard Glover/ Arcaid (Architekten: Circus Architects); 156 oben Michael Mundy (Alistair Gordon und Barbara De Vries); 156 unten Fotograf Henry Bourne/Produzent: Mallery Lane/Elle Decoration (Besitzer/Designer: Jean Colonna); 157 oben Ted Yarwood (George Whiteside); 157 unten Eduard Hueber (Paula Iacucci); 158 Deidi von Schaewen (Künstler: Arranz Bravo); 159 Luc Wauman (Luc Verstraete und Isabelle Vermast – Architekten: Peter Haverhals und Frank Heylen); 160/161 Lizzie Himmel (Tim Du Val); 162 Antoine Bootz (Tim Du Val); 165 Lizzie Himmel (Tim Du Val); 166 oben rechts und unten links Antoine Bootz (Tim Du Val); 166 oben links und unten rechts Lizzie Himmel (Tim Du Val); 167 Lizzie Himmel (Tim Du Val); 168 oben Luc Wauman (Joris Ghekiere und Inge Henneman – Architekt: Hugo Kinnear); 168 unten Rodney Weidland/Vogue Living (Architekt: Ray Gill); 169 Reiner Blunck (Architekt: Glenn Murcutt); 170 Luc Wauman (Ronald Merens und Betty Bergen); 171 oben John Edward Linden/Arcaid (Architekt: Mark Guard); 171 unten R. Weidland/Vogue Living (Architekt: Michael Rigg of Urban Spaces); 172 Julie Phipps/Arcaid (Architekten: Cowper Griffith Associates); 173 Eduard Hueber (Gruman & Sloan Loft – Architekt: Anne Marie Baranowski); 174 links Ted Yarwood (Designer: Christopher Wood – LA Design); 174/175 Eric Thorburn/Glasgow Picture Library (Bob Callender und Liz Ogilvie); 176 Tim Beddow/The Interior Archive (Künstler: Beazy Bailey, South Africa); 177 Earl Carter/Vogue Living (Kaarin und Ken Wallace – Architekten: Don McQuatter und Julie Meacham); 178 Pieter Estersohn/ Lachapelle Representation (Designers: David McDermott und Peter McGough); 179 oben links Ted Yarwood (Jeff Roick); 179 oben rechts Verne Fotografie (Stuart Parr); 179 Mitte links Jean-Francois Jaussaud (Designer: Julie Prisca, Normandie); 179 Mitte rechts Verne Fotografie (Architekten: Stamberg – Aferiat); 179 unten links Luc Wauman (Ronald Merens und Betty Bergen); 179 unten rechts Rodney Weidland/Vogue Living (John Pegrum und Dayne van Bree); 180–181 Antoine Bootz (Laurence und William Kriegel – Architekten: Edward Asfour und Peter Guzy); 181 rechts Gross und Daley (Decorator: Gwynn Griffith, San Antonio, Texas); 182 links Wayne Vincent/The Interior Archive (Designer: Lee Mallet); 182 rechts Verne Fotografie (Piet Goossens); 183 Fritz von der Schulenburg/The Interior Archive; 184 Verne Fotografie (Architekt: James Biber, Pentagram, NY); 185 Jean-Francois Jaussaud (Designer: Julie Prisca, Normandie); 186 oben links M. Grazia Branco/IKETRADE International (Designer: Ross Lovegrove); 186 oben rechts Eduard Hueber (Architekten: Dean/Wolf Architekten); 186 unten links Ted Yarwood (Curtis Wehrfritz – Architekten: John Tong und Arriz Assam, 3rd UNCLE Design Inc., Toronto); 186 unten rechts Reiner Blunck (Architekt: Martin Leddy); 187 Dennis Gilbert/View (Architekten: AHMM); 188/189 oben Anthony Johnson/House & Leisure (Craig Port); 189 oben rechts Max Jourdan (Zanna); 189 unten Simon Upton/World of Interiors (Designer: Sue Skeen); 190 oben M. Grazia Branco /IKETRADE International (Designer: Ross Lovegrove); 190 unten links Alan Weintraub/Arcaid (Architekt: Bryon Cuth und Elizabeth Ranyeri); 190 unten rechts Richard Bryant/Arcaid (Architekt: Gary Cunningham); 191 Peter Aaron/Esto (Spaulding Taylor, San Francisco, Kalifornien); 192 Verne Fotografie (Designer: Vicente Wolf); 193 links Fotograf Jonathan Pile/Design: Project Orange; 193 rechts Gilles de Chabaneix/ Daniel Rozensztroch/Marie Claire Maison (Designer: Murray Moss); 194 links M. Grazia Branco/IKETRADE International (Designer: Ross Lovegrove); 194 rechts Ted Yarwood (Curtis Wehrfritz – Architekten: John Tong und Arriz Assam, 3rd UNCLE Design Inc., Toronto); 195 Christophe Dugied/ World of Interiors (Künstlerin und Glasdesignerin: Marie Ducate); 196 Verne Fotografie (Architekt: Charles Cowles); 197 oben links Dennis Gilbert/View (Architekten: AHMM); 197 oben Mitte Gilles de Chabaneix/Daniel Rozensztroch/Marie Claire Maison (Designer: Murray Moss); 197 oben rechts M. Grazia Branco/IKETRADE International (Designer: Ross Lovegrove); 197 mittlere Reihe links und rechts Ray Main (Architekten: Circus Architects); 197 mittlere Reihe Mitte Simon Wheeler/The Sunday Times/Times Newspapers Ltd. (Designer: Ross Lovegrove); 197 unten links Verne Fotografie (Designer: Vicente Wolf); 197 unten Mitte Christoph Kicherer (Architekten: St. John/Caruso Architekten); 197 unten rechts Lu Jeffery (Alex Clive und Phoebe Woods-Humphrey); 198/205 Jean-Pierre Godeaut (Yuri Kuper); 206 links M. Grazia Branco/IKETRADE International (Designer: Ross Lovegrove); 206/207 Anthony Johnson/ House & Leisure (Craig Port); 208 links Luc Wauman (Ronald Merens und Betty Bergen); 208 rechts Peter Aprahamian (Architekt: Nico Rensch); 209 Ray Main (Architekten: Martin Lee Associates); 210 links Max Jourdan (Zanna); 210 rechts Nicolas Tosi/ Catherine Ardouin/ Marie Claire Maison (Architekt: Narda vant Veer); 211 Gilles de Chabaneix/ Daniel Rozensztroch/ Marie Claire Maison (Laurence und William Kriegel – Architekten: Edward Asfour und Peter Guzy); 212 oben links Antoine Rozes (Designerin: Eugenie Collet); 212 oben rechts Jean-Francois Jaussaud (Lendon Flanagan, L.A.; Designers: David Cruz (Blackman & Cruz), L.A.); 212 unten links Deidi von Schaewen (Craig Port); 212 unten rechts Antoine Rozes (Designerin: Eugenie Collet); 213 links Ted Yarwood (Designer: Christopher Wood – LA Design); 213 rechts Earl Carter/ Belle/Arcaid (Architekt: Bob Nation/ Stylist: Zinta Jurjans-Heard).